説得力のある
英文ビジネス
Eメール
が書ける

実例表現とトレーニング

Katsuno Shibayama
柴山かつの

英文校閲
Paul Dorey

説得力のある心のこもったビジネス英語を書けるようになってもらいたい!

　グローバル化に伴い、近年、毎日のようにEメールでやりとりする機会が増えてきました。
　日本人の英語力が伸びクライアントとの**信頼度のあるビジネス関係を深める**ためにも、**コピペせずに自力でEメールを書きたい**と願う学習者も増加しています。
　そのためには、どのような学習をすべきでしょうか？
　自力で書くには英文ライティングのトレーニングが必要です。本書は**自分でビジネスEメールを書ける構成**になっています。
　また、**トレーニングする時間のない忙しいビジネスパーソンのためには、「サッと使えるコピペできる適切なEメールサンプル、およびEメールの表現1023フレーズ」**を掲載しております。必ず必要なフレーズが見つかります。

　本書の構成は、1. これを押えるのが決め手！、2. Eメールのサンプル・日本語訳、3. ビジネスライティング説得力UP講座、4. ライティング力UP講座・よく使う表現・模範解答、5. 模範解答の講座、から成り立っています。

　「**ライティング力UP講座**」ではEメールのサンプルの応用表現や、さらに広範囲によく使う表現を学びます。例えば、「5月8日にお会いすることは可能でしょうか？」「製品Xの価格を20ポンドに下げてくだされば120個購入させていただきます」などの基本表現をスラスラ書けるようにトレーニングします。

　「**模範解答の講座**」は、先生と生徒の会話から成り立っています。先生が「**ライティング力UP講座**」の大切な文法や構文、語彙の解説をしながら、生徒の質問に答えます。このような講座で理解してこそEメールに必要な、よく使われる**説得力UP・信頼度UPの決まり表現**が使えるようになるのです。

説得力UPの表現とは？
　交渉の場では必ず説得力が必要です。**理由があれば説得力がUP**します。例

えば製品の値上げ通知をする場合も顧客を納得させるには、原料コストの値上げを説明するだけでなく、これからサービスを向上させるとの意思を伝えることが必要です。価格交渉 etc. の場合も同様のことが言えます。

信頼度 UP の表現とは？

　商品受領の連絡 E メールに「商品を受領しました」だけではなく、**「十分な緩衝剤を入れていただいたおかげで、商品が完全な状態で無事到着しました」**などのお礼の気持ちを表現すれば信頼度は UP します。商品が完全な状態で届くのは当然だと思わずに、お互いに感謝することで信頼関係が UP するのです。本書ではこのような**信頼度 UP**・**説得力 UP** の表現が満載です。

　また、スケジュールなどを変更する場合も、説得力・信頼度だけでなく、相手に対する**丁寧さ**が必要です。本書で学習すれば必ず丁寧度 UP の英文を書けるようになります。

　本書の最終章では、**心のこもった**お祝いメール（昇進・転勤・受賞・創立記念・支店開設・婚約・結婚・出産）や励ましメール（病気・事故・災害）やお悔やみ文の書き方と、必要な表現も学べるようになっています。

　本書では類書にない、**企画書・提案書、著作権申請**のチャプターもあります。これらのチャプターは、これから必要性が高まっていくと思われます。

　本書は、日米英語学院の Paul Dorey 先生に丁寧に英文校閲をしていただきました。同じく日米英語学院の津村元司先生にもアドバイスだけでなく校正のお手伝いをしていただきました。また、英文メールを毎日書いて、仕事をしている生徒の皆さんから、リクエストやアドバイスをいただきました。皆様のご協力のおかげで、ビジネスに役立つ一冊が誕生したと思います。

　本書を本気で学習し、いつも机の上に、あなたのそばに、置いてくださることを心から願っています。本書が末永く愛されますように。

2015年9月　柴山かつの

CONTENTS

● 説得力のある心のこもったビジネス英語を書けるようになってもらいたい！

序章　英文Ｅメールビジネスライティングの基本ルール　10

Chapter 1　アポイントメントとスケジュール　……………… 16

1．アポイントメントを申し込む　16
2．アポイントメントの日時を調整する　21
3．アポイントメントの日時を決定する　25
4．アポイントメントをキャンセルする　29
5．出張先でのアポイントメントを申し込む　33
6．アポイントメントの確認　37
7．出張後の礼状　41
8．海外からのお客様を迎える　47

Chapter 2　お知らせ　…………………………………………… 52

1．新担当者挨拶　52
2．転勤・退職のお知らせ　56
3．不在のお知らせ　60
4．休業日（年末・年始・お盆休み・棚卸 etc.）のお知らせ　63
5．事務所移転・開設のお知らせ　67
6．社名変更のお知らせ　71
7．合併・提携・組織改編のお知らせ　75
8．値上げのお知らせ　79
9．値下げのお知らせ　84

10．値上げ通知への回答 ― 値上げ拒否　87

Chapter 3　資料請求から交渉　92

　1．資料を請求する　92
　2．資料請求への返答　98
　3．資料を受領する　104
　4．資料を送付したが連絡がない場合　107
　5．問い合わせ（資料請求・質問）に応じられない場合　111
　6．見積書を依頼する　115
　7．見積書とその詳細条件　121
　8．値引き交渉1（値引きを依頼する）　128
　9．値引き交渉に応じる　131
　10．値引きを断る　134
　11．担当者が不在で希望見積期日に間に合わない場合　137

Chapter 4　注　文　141

　1．発注する　141
　2．受注の確認　145
　3．受注後の納入日の相談　149
　4．発注内容の変更　154
　5．商品の注文を受けられない・納期が遅れる場合　159
　6．注文をキャンセルする　164
　7．商品発送のお知らせ　168
　8．注文品受領の連絡　172
　9．代金の請求　175
　10．代金支払のお知らせと遅延の謝罪　178
　11．代金受領のお知らせ　181

12．代金督促1回目　184
13．代金督促2回目　189
14．代金督促3回目以降　192

Chapter 5　苦情と対処方法 ……………………………………… 196

1．請求書の金額の誤りを指摘する　196
2．請求書の誤りへの謝罪　202
3．商品の未着を伝える　208
4．納品遅延に対する返事　212
5．品物の数量が不足している・超過している　216
6．品物の数量の不足・過剰の場合の謝罪文　220
7．間違った品物が送られてきた場合　223
8．間違った商品を送付した場合の謝罪　226
9．品質不良　230
10．梱包改善の要求　234
11．商品が交換可能の場合　238
12．製品が交換不可の場合　241

Chapter 6　著作権と英文校閲 ……………………………………… 245

1．著作権使用申込み　245
2．著作権使用申込みの承諾　250
3．著作権申請を断る・返事を保留する　256
4．著者および校閲者への英文校閲依頼　259

Chapter 7　業務提携と契約 ……………………………………………… 263

1．業務提携（代理店契約）を申し込む　263
2．業務提携（代理店契約）お断りのメール　267
3．業務提携に応じる（代理店契約に応じるまでの過程）　271
4．契約書草案を送付する（どの業種にも使えます）　274
5．契約書草案を返送する（どの業種にも使えます）　277
6．契約書を送付する（どの業種にも使えます）　280
7．契約書を受領し返送する　283

Chapter 8　招待状 ……………………………………………………………… 286

1．展示会への招待状　286
2．パーティーでのプレゼンを依頼　291
3．パーティーへの招待　294
4．パーティーや展示会への出席通知　298
5．パーティーや展示会への欠席通知　301

Chapter 9　会　議 ……………………………………………………………… 303

1．会議の日程・変更を伝える、出欠の返事をする　303
2．議事録の送付　310
3．会議の議事録のサンプル　313

Chapter 10　説得力のある企画書の書き方と表現 …………… 315

1．説得力のある企画書の書き方アドバイス3か条　315
2．企画書サンプルフォーマット例　317

3．社外へ提出する企画書（代理店へ提出する） 320
4．社外への企画書（独占代理店申し込み） 324
5．社内への企画書1　328
6．社内への企画書2　クーポン券の導入 331

Chapter 11　社内外のお祝い・お見舞い・お悔やみ　……… 335

1．昇進・転勤・受賞・創立記念・支店開設のお祝い　335
2．昇進・転勤のお祝いへのお礼　340
3．婚約・結婚・出産のお祝い　344
4．病気・事故・災害のお見舞い・励ましとその礼状　347
5．病気・事故・災害のお見舞いに対する礼状　351
6．お悔やみ文　356
7．年末・クリスマス・新年の挨拶　359

● 模範解答の講座の項目（復習すれば実力が付く）…………………… 362
● 厳選すぐに使える表現（パターンを覚えれば決まり表現が身に付く）… 365
● 索引・厳選日本語のキーワードから調べる（五十音順）……………… 375

序章　英文 E メールビジネスライティングの基本ルール

1．E メールの基本要素について

① 件名について

先生：Subject（件名）はわかりやすく書くことが大切ですが、感嘆符（！）などを付けないようにしましょう。大文字だけで書くことも避けましょう。また冠詞は省略されることが多いことも覚えておきましょう。

生徒：お願いをしたい場合は Request でいいのですか？

先生：Request は応用範囲が広いです。

　　依頼・要求の場合：Request for quotation、Request for discount、Request for payment のように具体的に書きましょう。

　　お知らせの場合：　Notification of holidays
　　問い合わせの場合：Inquiry about printers
　　会議の場合：　　　Meeting on May 5
　　★前置詞の次の単語を入れ替えて応用できます。

　　また、1つの件名について1通のメールが原則です。異なるメールには別の件名のメールを作成します。

② 敬辞について

生徒：**Dear Mr.［Ms.］**＋ラストネームにコロン（：）または コンマ（, ）を付けると本で読みました。コロン（：）と（, ）の違いを教えてください。

先生：アメリカ英語ではコロン（：）、イギリス英語では（, ）を使います。

　　例：アメリカ英語　Dear Mr. Green: Dear Ms. Garcia:
　　　　イギリス英語　Dear Mr. Green, Dear Ms. Garcia,
　　　　＊注意　Dear Mr. David Green のようにフルネームは続けません。Mr. や Ms. の次に仕事関係ではファーストネームは付けないようにしましょう。×Dear Ms. Mary
　　　　親しい間柄では Dear Mary のようにファーストネームだけでも大丈夫です。

生徒：**宛名の人物の性別がわからない場合**はどのようにすればよいでしょうか？
Robin, Chris, Julian, Pat などは性別がわかりません。

先生：Dear に続けて名前を書く＝例：Dear Julian Green:
Dear Sir or Madam:
日系企業の場合は -san と記せばよいでしょう。
Mr. / Ms. に続けて苗字を書く（Mr. / Ms. Green と書いている）本もありますが、これはやめておきましょう。

生徒：**Mr. / Ms. のピリオド（.）がないの**を見かけますが、なくてもいいですか？
先生：イギリス式では付けない方が多いです。

生徒：**送付したい部署名があるけれども、相手の名前がわからない場合**はどうしたらいいですか？
先生：できる限り名前を見つけるようにしましょう。名前を見つけられない場合は肩書か職種で呼びかけます。
例：Dear personnel department manager:　　人事部長殿
　　Dear customer service representative:　顧客サービス担当者殿

生徒：**複数の人（お客様や団体内での配布文書）や個人名がわからない場合**はどのようにしたらいいですか？
先生：Dear customer:　　お客様へ
Dear members:　　メンバーの皆様へ
To whom it may concern:　　関係者各位
Dear Sir or Madam:　　拝啓

③ 本文の基本ルールについて

先生：日本語のレターでは「拝啓」のあとに時候の挨拶などを入れますが、英文ビジネスメールでは必要ありません。左揃えで書きましょう。半角英数字で入力してください。
全角の英数字や絵文字は、文字化けしやすいので使わないようにしましょう。
1行は65字以内にしましょう。英文は段落ごとに改行するのが基本です。

④ 結辞について

生徒：結辞のフォーマル度について教えてください。
先生：よく質問を受けますが、**これはあまり気にする必要はありません。** 結辞のフォーマル度は Respectfully、Sincerely、Regards の順番です。
また Respectfully yours、Sincerely yours のように yours を付けた方が少しだけ丁寧です。
Sincerely が一番よく使われます。
生徒：Sincerely yours と Yours sincerely の違いについて教えてください。
先生：Sincerely yours はアメリカ式、Yours sincerely はイギリス式です。
生徒：Regards もよく使われますね。
先生：最も便利な結辞で、面識のある場合のビジネスメールや友達にメールする場合などに使われます。Best regards の方が Regards より少し丁寧です。

⑤ 署名欄について

Akira Nakata（Mr.）	名前
Sales manager	役職
Overseas Sales Department	部署名
Global Trading Co., Ltd.	会社名
2-10-1 XX-cho YY-ku	住所
Osaka, Japan 530-0017	
Tel: +81 6-xxxx-xxxx	電話
Email: akiranakata@aaa.com	E メール
URL: http:// www.xxx.com/	URL

★ 電話番号は、日本の国番号81を付けて、市外局番の0をとります。市外局番が06なら6になります。

2. ビジネスライティングのライティングスタイル明快度について

① ポジティブな表現を使う

先生：ネガティブな表現は避けてポジティブな表現を使いましょう。

日本文：Smith 氏は5月17日に戻ってきます。
良い例：Mr. Smith will be back on May 17.
悪い例：Mr. Smith will not be back until May 17.
　　　　他に良い例があれば英作文しましょう。

生徒：次の文はどうでしょうか？
　　　日本文：4月5日にはあなたのご注文を発送できます。
　　　良い例：Your order will be shipped on April 5.
　　　悪い例：Your order will not be shipped until April 5.

先生：Perfect! です。次に大切なのは曖昧な表現を避けることです。
　　　例えば早く返事がほしい場合に as soon as possible の表現は避けて by tomorrow at 2 p.m.（明日の午後2時まで）、the other day は避けて on March 3 としましょう。

明快であることが大切です。

② 受動態と能動態を使い分ける

生徒：受動態は使わない方がよいと書いたEメールの本を読んだことがあるのですが。

先生：良い書き手は主題によって能動態と受動態を使い分けます。主語が長くならないことも大切なので、主語が長い場合は受動態を使うことが多いです。詳細は、Chapter 3-1の模範解答の講座で教えています。

③ 省略は使わない

ビジネスEメールでは省略は避けましょう。
悪い例：We haven't received your estimate.
良い例：We have not received your estimate.

省略語を欧米人のビジネスEメールで見つけます。ビジネスでは省略語は使わない方がよいのですが、意味を知っておいた方がよいので例を挙げておきます。
ASAP = as soon as possible　BFN = bye for now　BTW = by the way
FYI = for your information　MSG = message
NRN = no reply necessary　PLS = please

REQ = request（依頼）　TNX = thanks　TTYL = talk to you later

3. 表記の基本について

① 月日について

先生：**年月日は英語で表記しましょう。**

　　　アメリカ式　曜日、月、日、年
　　　　　　　　Wednesday, September 3, 2015
　　　イギリス式　曜日、日、月、年
　　　　　　　　Wednesday, 3 September 2015

生徒：数字で表記するとどうなりますか？
先生：非常に紛らわしいので避けましょう。一応下記で説明します。
　　　9/3/2015はアメリカ式では　2015年9月3日
　　　9/3/2015はイギリス式では　2015年3月9日

② 句読法

先生：メール受信者が読みやすいように余白を大切にしましょう。
　　　内容に応じて可能であれば2、3文で段落を作り、段落間を1行あけるのが理想です。

生徒：**コロンの付け方**を教えてください。
先生：コロンの付け方は、次の2種類に大別できます。

- 前の文や句を受けて説明する場合

例：ABC Trading has the following goal: providing the highest quality product at the best price to please our customers.

訳：ABC商事は次の目標を持っています：お客様に喜んでいただくために最高の品質を一番良い（一番安い）価格で提供させていただくことです。

例：Second Reminder: Overdue Invoice No. 8653
　　2度目の督促：請求書番号8653の延滞
　　（メールの件名です）

- 項目を列挙する場合

  The new telephone and fax numbers are as follows:
  Phone: (06) XXXX-XXXX
  Fax:　 (06) XXXX-XXXX

③ 数字表記のルールについて

生徒：10未満の数字はスペルアウト（英語で書く）して書き、10以上の数字はアラビア数字で書くことは知っているのですが、5％とかはアラビア数字で書かれているようです。

先生：百分率とともに使われる数字、および番号を表す数字は10未満でもアラビア数字で書きます。

　　　正しい例→5％　No. 8　　間違った例→five percent　No. eight

　　　その他数字についての注意事項を挙げます。
- 同一文内にいくつもの10未満と10以上が混在する場合はすべてアラビア数字で示しましょう。
- 1000の単位は、(,)で区切りましょう。

④ WeとIについて

生徒：ビジネスメールではIの代わりに常にWeを使うべきですか？

先生：ビジネスメールの場合、基本的には会社を代表して書くのでWeを使うことが多いです。ですが"We"を使いすぎると、無責任な印象を与えることもありますのでIも使いましょう。両者の関係によってWeでもIでも可能な場合もあります。

　　　また、書き出しのI am writing to 〜. を We are writing to 〜. としてもOKですが、必ずしもする必要はありません。

注意）本書Eメール英文サンプルの各フレーズの文頭に数字が入っていますが、これは英語訳と日本語訳を照合するための数字なので、実際のEメールではこれらの数字は入れてはいけません。

1 アポイントメントとスケジュール

Chapter 1-1
アポイントメントを申し込む

①面会を申し込む→②目的を述べる→③相手の時間の都合を尋ねる→④相手の都合が悪い場合の代案を尋ねる→⑤結び

注意：E メールサンプル文頭の数字は実際の E メールでは入れないでください。

Subject : ABC project meeting

Dear Mr. White:

1. Would it be possible to visit your office on July 1?
2. I would like to talk about the progress of the ABC project.

3. If you are available on this date, would you please let me know what time would be convenient for you?
4. If this date is inconvenient, could you please suggest another date and time?

5. I look forward to hearing from you.

Best regards,

Yoshio Yamada

日本語訳

> **件名：ABC プロジェクトのミーティング**
> 1. 7月1日に御社にお伺いしてもよろしいでしょうか？
> 2. ABC プロジェクトの進捗についてお話をさせていただきたいと思います。
> 3. もしこの日のご都合が良ければ、何時がよろしいかお知らせくださいませんでしょうか？
> 4. この日のご都合が悪ければ、別の日時をご提案いただけますでしょうか？
> 5. ご連絡をお待ちしております。

ビジネスライティング説得力 UP 講座

先生：メールでのミーティングのアポの取り方は日程を決めずに相手の都合を最初に聞く場合もありますが、ここではまず、自分の希望日を挙げる方法を説明しましょう。

【ポイント1　説得力UP】
アポ希望日をまず知らせます。Would it be possible to ～？は応用範囲が広いです。

【ポイント2　説得力UP】
ミーティングの目的を知らせます。I would like to ～. または We would like to ～. の ～に目的を書きます。ミーティングの目的は、talk about ～か introduce ～が多いです。

① talk about the progress of the ABC project「ABC プロジェクトの進捗について話し合う」。talk about ～の ～には、product development plan「製品開発計画」、contract「契約」、budget「予算」など入れ替え応用自在です。

② introduce our new product「新製品を紹介する」
introduce ～ の ～には our new employee「弊社の新入社員」など、名詞の入れ替えは自由自在です。

【ポイント3　説得力UP】
相手先の都合が悪い場合を考慮して代替日と時間（alternate date and time）

を尋ねます。

ライティング力UP講座　Let's write English! （　）内の単語を使いましょう。

1．5月8日にお会いすることは可能でしょうか？
（Would it be possible to / meet with）

2．来週のいずれかの日にご訪問させていただくことは可能でしょうか？
（Would it be possible to / sometime）

3．新製品Xの紹介をさせていただきたく思います。（I would like to ～）

4．5月8日に新製品Xについて1時間ほどお話しさせていただきたいのですが。（for about one hour）

5．5月8日の何時のご都合がよろしいでしょうか？（What time would be ～）

6．この日のご都合が悪ければ、別の日時をご提案くださいませんか？
（would you please / alternate）

7．もしこの日のご都合が悪ければ、2、3都合のよい日時を挙げてくださいませんか？（name）

よく使う表現　模範解答

1．**Would it be possible to meet with** you on May 8?

2．**Would it be possible to** visit your office **sometime** next week?

3．**I would like to** introduce our new Product X.

4．I would like to talk about our new Product X **for about one hour** on May 8.

5. **What time would be** most convenient for you on May 8?

6. If this date is not convenient, **would you please** suggest an **alternate** date and time?

7. If this date is not convenient, would you please **name** a couple of other dates and times?

> 模範解答の講座

先生：Would it be possible to 〜? I would like to 〜. Would you please 〜?
　　この決まり表現を身に付けましょう。これらはライティングだけでなく話し言葉でも使える丁寧な表現です。
生徒：ところで、Would you 〜? と Could you 〜? の違いについて教えていただきたいのですが。
先生：大きな違いはありませんが、Could you 〜? の方が少し丁寧です。
生徒：その丁寧表現の丁寧さの度合いについて教えていただきたいのですが。
先生：それでは次の表を読んでください。

> 依頼表現　カジュアルな順番

1. Please ＋動詞の原形?
2. Will / Can you ＋動詞の原形?
3. Would / Could ＋動詞の原形?
4. Would / Could you please ＋動詞の原形?
5. Could I ask you to ＋動詞の原形?
6. If you could ＋動詞の原形, that would be great.
7. Do you think you could ＋動詞の原形?
8. Would it be possible to ＋動詞の原形?
9. I am wondering if you could ＋動詞の原形.
10. I was wondering if you could ＋動詞の原形.

11. I'd appreciate it if you could ＋ 動詞の原形.
12. Would you mind ＋ 〜 ing 形？
13. We kindly ask you to ＋ 動詞の原形.

生徒：なるほど。表にしてもらうとわかりやすいですね。
　　　質問ですが meet と meet with の違いは何ですか？
先生：アメリカ英語ではアポをとって会う場合は、基本的には meet with を使います。イギリス英語では meet と meet with は同じです。
生徒：模範解答6の alternate「別の」の代わりに another「別の」を使ってもよろしいですか？
先生：はい。OK ですよ。alternate route「別の道」、alternate means「別の手段」もよく使われます。
　　　また、alternate はアメリカ英語で、イギリス英語では alternative だということも覚えておきましょう。
生徒：模範解答7の name「日時・場所を挙げる」も知りませんでした。
先生：a couple of が「2つ」ではなく、「2、3」を意味することも覚えておきましょう。

Chapter 1-2
アポイントメントの日時を調整する

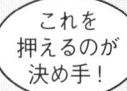（受諾する表現と断る表現を身に付ける）
①メール受領のお礼→②提案された日を理由を述べて
断る→③都合のよい日を提示する

Subject: RE: ABC project meeting

Dear Mr. Yamada:

1. Thank you for your e-mail dated June 25.

2. I am afraid that I am unable to meet with you on July 1, because my schedule is tight.
3. Would it be possible for you to come to our office at 11 a.m. on July 2?
4. I would be delighted to talk with you then about the ABC Project.

5. I look forward to your prompt reply.

Best regards,

Johnny White

日本語訳

> 件名： RE: ABC プロジェクトのミーティング
> 1．6月25日付のメールをありがとうございます。
> 2．7月1日はスケジュールが詰まっておりますので、お会いできません。
> 3．7月2日午前11時にオフィスに来ていただけますでしょうか？
> 4．その時に、喜んでABCプロジェクトについて話し合いさせていただきたいと思います。
> 5．お返事をお待ちしております。

ビジネスライティング説得力UP講座

【ポイント1　明快度UP】
Thank you for your e-mail dated June 25. のようにメールを受領した日付を入れます。

【ポイント2　明快度UP】
I am afraid 〜. を使って希望日時には応じられない旨をはっきり伝えましょう。

【ポイント3　明快度UP】
面会できる日時と場所を具体的に伝えましょう。Would it be possible for you to 〜? の決まり表現を定着させましょう。

ライティング力UP講座　Let's write English!　（　）内の単語を使いましょう。

1．7月1日は、残念ながら出張しているのでお会いできません。
（I am afraid / be unable to / be on a business trip）

2．7月1日の午前中は都合が悪いですが、午後なら大丈夫です。
（available / on the morning of ＋日付）

3．御社がご希望の期日には、あいにく話し合いに必要な資料を提出できません。
（I am afraid / necessary materials）

4．7月1日午前10時に弊社の本社にお越しいただけますか？
  (Would it be possible for you to ～?)

5．ミーティングの際に経過報告書をご提出くださいますようにお願いします。
  (Would you / provide ＋人＋ with ～ / progress report)

よく使う表現　模範解答

1. **I am afraid** that I **am unable to** meet with you on July 1 because I will **be on a business trip**.

2. I am not **available on the morning of** July 1, but I'm OK in the afternoon.

3. **I am afraid** that I am unable to submit the **necessary materials** for the discussion on the day you have requested.

4. **Would it be possible for you to** come to our head office at 10 a.m. on July 1?

5. **Would you provide** us **with** a **progress report** in the meeting?

模範解答の講座

先生：模範解答1や3のように「申し訳ない」と思うことを告げる場合は、必ず I am afraid ～. を付けましょう。

生徒：I am afraid that I can not ～. でもいいですか？

先生：I can not ～. よりも I am unable to ～. の方が申し訳ない気持ちが伝わります。
模範解答3のようにミーティングでレポートを提出する場合が多いです。
① 詳細な企画書 detailed proposal　② 生産進捗報告書 production progress report なども覚えましょう。

生徒：はい。模範解答4で Would it be possible for you to ～? は完全に使

1・アポイントメントとスケジュール

えるようになりました。ところで模範解答2の on the morning of July 1 は in the morning of でもよろしいですか？

先生：特定の日の午後や午前を表すには in は×で、その場合は on が使われます。

　　例：○ on the morning of July 1　on the afternoon of July 1
　　　　× in the morning of July 1　 in the afternoon of July 1

模範解答2の文の I am not available on the morning of July 1, but I'm OK in the afternoon. の on the morning of July 1 と in the afternoon が in と on の使い分けの例です。

Chapter 1-3
アポイントメントの日時を決定する

 ①返事のお礼→②訪問日時の確認→③結び

Subject : My visit to your office

Dear Mr. White:

1. Thank you very much for your prompt reply.

2. I will visit your office at your suggested time of 11 a.m. on July 2.

3. I am preparing a progress report on the ABC Project right now and I would like to explain it in the meeting.

4. I would also like to introduce our new engineer to you, Atsuo Yoshida.

5. I look forward to seeing you.

Best regards,

Yoshio Yamada

> 日本語訳

> **件名： 御社への訪問**
> 1．早速のお返事ありがとうございます。
> 2．ご提案いただきました日時、7月2日の午前11時に御社にお伺いします。
> 3．ABCプロジェクトの経過報告を作成中ですので、ミーティングでお話しさせていただきたいと思います。
> 4．新人エンジニアの吉田厚夫も御社にご紹介させていただきたいと思います。
> 5．お会いするのを楽しみにしております。

ビジネスライティング説得力UP講座

【ポイント1　丁寧度UP】
迅速に対応してくれたことに対するお礼を書く場合 Thank you very much for your prompt reply. は大切なフレーズです。prompt「迅速な」はビジネスで大切な一語です。

【ポイント2　明快度UP】
ご提案の時間（at your suggested time of 11 a.m.）と月日（on July 2）を具体的に書くことでミスを防ぎます。

【ポイント3　信頼度UP】
新入社員など紹介する人がいる場合は必ずその旨も I would also like to introduce ~. と、明記しましょう。事前連絡なしでミーティングの場に連れて行くと相手に対して失礼です。

ライティング力UP講座　Let's write English!　（　）内の単語を使いましょう。

1．私のメールに迅速なお返事ありがとうございます。（prompt response）

2．今、詳細な企画書を作成中です。（draw up / detailed proposal）

3．ご提案くださいました時間、7月2日の午前11時に新事務所にお伺いします。（at your suggested time）

> よく使う表現　模範解答

1．Thank you very much for your **prompt response**.

2．I am **drawing up** a **detailed proposal** right now.

3．I will visit your new office **at your suggested time** of 11 a.m. on July 2.

> 模範解答の講座

生徒：Eメールに迅速な返事をしてもらった場合、Thank you very much for replying to my e-mail promptly. でもよろしいですか？

先生：文法的にはOKですが、不自然なのでそのフレーズは使わないようにしましょう。

生徒：① Thank you for your prompt reply. または Thank you for your prompt response. を使いましょう。

先生：ほかにもpromptを使った例を見てみましょう。

　　1．Thank you for your prompt payment.
　　　（迅速なお支払いをありがとうございます）

　　2．Thank you for your prompt attention to this matter.
　　　（この件に関して迅速なご対応をありがとうございます）
　　prompt report が「速報」を意味することも参考に覚えましょう。

生徒：Eメール本文中には「作成する」に prepare が、模範解答2では draw up が使われていますが違いはありますか？

先生：prepare の方が少しだけフォーマルで、使用範囲が広いです。

生徒：Eメール本文に関する質問なのですが。本文4のように I would also like to introduce our new engineer to you, Atsuo Yoshida ですと you が Mr. Imagawa のように解釈してしまいます。
I would like to introduce Atsuo Yoshida, our new engineer, to you. が正しいのではないでしょうか。Atsuo Yoshida, our new engineer と同格にするべきではないでしょうか。

先生：文法的には同格にすることが正しいのですが、英語を母国語とする人の

目から見ると不自然です。Eメール本文4の文が自然です。言葉は文法では説明できない一例です。

Chapter 1-4
アポイントメントをキャンセルする

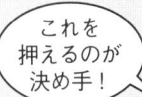

①約束の日に会えない理由を書いて謝罪する→②変更日を提案する→③相手の都合に合わせる旨を記す→④相手先の理解に感謝しつつ再度謝罪する

Subject: Change of meeting date

Dear Mr. Yamada:

1. I am very sorry to tell you that I will be unable to meet with you on July 2 due to unavoidable business commitments.
2. I tried to contact you by phone to apologize for this, but you were out of the office.

3. Would it be possible to reschedule our meeting for July 3?
4. I am available all day long on July 3.
5. If July 3 is inconvenient for you, could you let us know a date and time convenient for you?
6. I will adjust my schedule to accommodate yours.

7. Thank you for your understanding, and I apologize again for the inconvenience.

Best regards,

Johnny White

日本語訳

件名： ミーティングの日程変更

1. 大変申し訳ありませんが、7月2日は、やむを得ない仕事のためにお会いできません。
2. 謝罪するためにお電話させていただきましたが、ご不在でした。
3. ミーティングを7月3日に変更していただくことは可能でしょうか？
4. 7月3日なら一日中、大丈夫です。
5. 7月3日のご都合が悪ければ何日の何時がよろしいか、お知らせいただけませんでしょうか？
6. あなたの予定に合わせてスケジュールを調整させていただきます。
7. ご理解を感謝申し上げますとともに、ご迷惑をおかけしますことを重ねてお詫び申し上げます。

ビジネスライティング説得力 UP 講座

先生：アポをキャンセルする場合は相手の都合を考え、より早く知らせることが礼儀正しいです。電話連絡がとれない場合や時差がある場合はメールで連絡しましょう

【ポイント1　信頼度 UP】
都合が悪くなった理由を I am very sorry to tell you that ～. で謝罪します。

【ポイント2　信頼度 UP】
電話で謝罪しようとした旨、I tried to contact you by phone ～. を述べます。

【ポイント3　説得力 UP】
一応、希望日を提案しながらも相手に予定を合わせる（I will adjust my schedule to accommodate yours.）ことを述べます。

ライティング力 UP 講座　Let's write English!　（　）内の単語を使いましょう。

1. 申し訳ございませんが、個人的な理由のために7月2日はお会いできなくなりました。(regret to / personal reason)

2. 申し訳ございませんが急用ができてしまいました。（something / come up）

3. アポを7月2日から3日に変更してくださいませんでしょうか？
（reschedule 目的語 from A to B）

4. ミーティングを7月3日に変更してくださいませんでしょうか？
（reschedule ＋目的語＋for＋変更日時）

5. 来週は7月2日以外ならいつでも空いています。（except for）

6. 来週あなたのご都合のよい時にお会いできればと思います。
（meet with / at one's convenience）

7. よろしければ、来週、ご都合のよい時にお会いしたいのですが。
（meet with / at one's convenience）

よく使う表現　模範解答

1. I **regret to** tell you that I will be unable to meet you due to **personal reasons** on July 2.

2. I am afraid **something** urgent has **come up**.

3. Would it be possible to **reschedule** our appointment **from** July 2 **to** July 3?

4. Would it be possible to **reschedule** our meeting **for** July 3?

5. I am available anytime **except for** July 2 next week.

6. I would like to **meet with** you **at your convenience** next week.

7. If possible, I would like to **meet with** you **at your convenience** next week.

> 模範解答の講座

先生：模範解答1のようにこれから話すことを申し訳なく思う場合は、I regret to tell you 〜. と書きましょう。I regret telling you 〜. にすると「あなたに話したことを後悔します」になります。

生徒：regret 〜ing と regret to 〜の違いがよく理解できました。Chapter 1-1で学んだ Would it be possible to 〜？が模範解答3と4で使えてうれしいです。

先生：本文中で学んだ I will adjust my schedule to accommodate yours.（あなたの予定に合わせてスケジュールを調整させていただきます）と模範解答6の I would like to meet with you at your convenience. も使いこなせるようになりましょう。

　模範解答7では If possible を使うことによって相手に対する気配りが見えます。

Chapter 1-5
出張先でのアポイントメントを申し込む

応用編（工場見学依頼・ホテルなど手配依頼）
①出張予定→②工場見学希望→③希望日と相手先の都合を聞く→④スケジュール添付→⑤結び

Subject : Business trip to Washington

Dear Mr. Brown:

1. I am planning to visit Washington with Masao Higuchi, our new engineer, from October 13 to 19.

2. Would it be possible to take a tour of your factory on October 14 or 15?

3. If these days are inconvenient for you, please suggest another date and time.

4. We can adjust our schedule to accommodate yours.

5. I have attached our itinerary for your reference.

6. I look forward to hearing from you.

Best regards,

Takumi Imagawa

日本語訳

件名： ワシントンへの出張

1. 10月13日から19日まで、新人エンジニアの樋口正雄とワシントンを訪問する計画です。
2. 10月14日か15日に、そちらの工場を見学させていただくことは可能でしょうか？
3. これらの日のご都合が悪ければ、別の日時をご提案いただけないでしょうか？
4. 私たちのスケジュールは、そちらのご都合に合わせたいと思います。
5. ご参考までにスケジュールを添付させていただきました。
6. お返事をお待ちしております。

ビジネスライティング説得力UP講座

【ポイント1　明快度UP】

滞在する日程を、I am planning to visit 場所 from 月日 to 月日. で知らせます。

【ポイント2　説得力UP】

工場見学希望日を Would it be possible to take a tour of your factory on ＋月日 ～？で聞いてみます。

【ポイント3　説得力UP】

相手の都合を尋ね、We can adjust our schedule to accommodate yours. で相手にスケジュールを合わせることを丁重に述べます。

【ポイント4　信頼度UP】

スケジュールを添付することで相手に都合のよい日を選んでもらえます。

ライティング力UP講座　Let's write English!　（　）内の単語を使いましょう。

1. 私たちは6月5日から6月11日までワシントンに滞在する予定です。
   （be planning to ～）

2. 滞在中に工場見学をさせていただきたいです。(take a tour of 〜)

3. 世界繊維展示会の見学にスタッフ2人とサンフランシスコへ行きます。(will be traveling to 〜)

4. 法人顧客5社を選んでアポをとっていただけませんでしょうか？(arrange appointments with 〜 / corporate customers of your choice)

5. サンフランシスコへは初めての訪問となりますので、便利なホテルをお勧めくださいませんでしょうか？（recommend）

6. 展示会に近いホテルで禁煙のシングルルーム3室を6月1日から3泊予約してくださいませんか？（for three nights from June 1）

7. 本社に近いホテルの禁煙のシングルルーム1室を6月4日から2泊予約してくださいませんか？（for two nights from June 4）

1・アポイントメントとスケジュール

よく使う表現　模範解答

1. We **are planning to** stay in Washington from June 5 to June 11.

2. We would like to **take a tour of** your factory during our stay.

3. I **will be traveling to** San Francisco with two staff members to see the World Textile Exhibition.

4. Would you please **arrange appointments with** five **corporate customers of your choice**?

5. Since this is my first visit to San Francisco, would you please **recommend** a convenient hotel?

6．Would you please reserve three non-smoking rooms at a hotel near the exhibition hall **for three nights from June 1**?

7．Would you please reserve a non-smoking room at a hotel near the head office **for two nights from June 4**?

> 模範解答の講座

先生：初めての出張先などでは、サービス状況などをよく知る訪問先の会社にホテルを紹介、または予約してもらうのがよいでしょう。模範解答4と5では出張先のホテルの予約を依頼しています。宿泊日数を for 〜 nights from＋月日 で明確に書きましょう。または Check-in: June 1 Check-out: June 4と記してお願いすればミスが防げます。from 月日＋to＋月日だと何泊するのか曖昧です。

生徒：そうすれば、何泊するのかはっきりわかっていいですね！

Chapter 1-6
アポイントメントの確認

> これを押えるのが決め手！
>
> ①メールの目的（アポの確認）→②スケジュールを知らせアポの確認→③変更の場合の連絡の依頼→④結び

Subject: Confirmation of October 14 factory tour

Dear Mr. Brown:

1. I am writing to confirm my upcoming appointment with you for a one-day factory tour.

2. We will be arriving in Washington on the afternoon of October 13 and staying at the Sunshine Hotel, which you have reserved for us.

3. You will pick us up at the hotel at 9 a.m. on the morning of October 14 and take us on your one-day factory tour.

4. If there are any changes to the schedule, please e-mail me as soon as possible.

5. We look forward to seeing you.

Best regards,

Takumi Imagawa

日本語訳

> 件名： 10月14日の工場見学の確認
> 1．来る1日工場見学のアポの確認メールです。
> 2．ワシントンには10月13日の午後に到着いたしまして、ご予約くださったサンシャインホテルに泊まります。
> 3．10月14日の朝9時にホテルにお迎えに来てくださり、工場の1日見学ツアーに連れて行ってくださるのですね。
> 4．日程に何か変更がございましたら、できるだけ早くEメールをお願いします。
> 5．お会いできることを楽しみにしております。

ビジネスライティング説得力 UP 講座

先生：双方に都合のよい日程が決定し、アポの日が近くなったら確認のメールを出しましょう。

【ポイント1　明快度UP】
I am writing to confirm 〜. で確認します。

【ポイント2　明快度UP】
海外出張など遠方出張の場合は到着予定や滞在先（主語＋will stay at 〜. の〜に宿泊ホテル名）を知らせましょう。そうすれば、緊急時に携帯電話が故障した場合にもホテルに連絡してもらえます。

【ポイント3　明快度UP】
予定変更の場合はできるだけ早く連絡してもらえるようにお願いしましょう。

ライティング力 UP 講座　Let's write English!

1．10月14日の午前10時に貴社工場を訪問することを確認させていただきたいと思います。（I would like to confirm 〜）

2．7月3日午後2時に貴社での会議の確認をさせていただいています。（I am writing to confirm 〜）

3. 万が一アポを変更する場合は、できるだけ早くご連絡ください。（Should you need to change ～）

4. 打ち合わせに関して何か変更がございましたら、090-9862-3450へご連絡ください。（If there are any changes to ～）

5. 私の携帯電話につながらない場合はXYZホテルにメッセージを残してください。（leave a message at ～）

よく使う表現　模範解答

1. **I would like to confirm** our visit to your factory at 10 a.m. on October 14.

2. **I am writing to confirm** a meeting in your office at 2 p.m. on July 3.

3. **Should you need to change** the appointment, please let me know as soon as possible.

4. **If there are any changes to** the arrangements for our meeting, please call me at 090-9862-3450.

5. If you can not reach me on my mobile phone, please **leave a message at** XYZ Hotel.

模範解答の講座

先生：本文中の確認の表現、I would like to confirm ～. やI am writing to confirm ～. の決まり表現をしっかり定着させましょう。

生徒：I am writing to inquire about ～.（～についてお問い合わせをさせていただいています）もOKですか？

先生：もちろんOKです。I am writing to ～. I would like to ～. の～にいろ

1. アポイントメントとスケジュール

いろな単語を入れ替えて応用自由自在です。
生徒：模範解答3の Should you need to change the appointment, は、なぜ If がないのですか？
先生：これは 倒置構文 です。If you should need to change the appointment, 〜. が元の文なのですが、If を省略して主語（you）と助動詞（should）を倒置しています。ビジネスメールでよく使います。

Chapter 1-7
出張後の礼状

> これを押えるのが決め手！
>
> （海外滞在中の工場見学、会社訪問、夕食招待へのお礼）
> ①お礼を述べる→②訪問または見学中の感想や具体的なお礼を述べる→③結び

Subject: Thanks for your kindness in Washington

Dear Mr. Brown:

1. Thank you for the hospitality extended to us during our stay in Washington.

2. I believe the guided factory tour has really helped to improve communication between us.
3. More than anything else, I was impressed by your dedication to quality control.

4. It was very kind of you to take the time to show me around the city.
5. I really enjoyed talking with you and it was a very fruitful business trip.
6. I hope to return the favor and host you here in Japan.

7. I look forward to seeing you again.

Best regards,

Takumi Imagawa

日本語訳

件名： ワシントン滞在中の感謝

1. ワシントン滞在中のおもてなしを、どうもありがとうございます。
2. 今回の工場見学は、私たちのコミュニケーションの向上の大きな助けとなったと確信しております。
3. 特に、御社の品質管理におけるこだわりに感銘を受けました。
4. 町を案内するのに時間を割いてくださり、ありがとうございました。
5. あなたとお話しできてとても楽しかったですし、とても実りある出張旅行でした。
6. お返しとして、近いうちに日本でおもてなしできればと思います。
7. またお会いできることを楽しみにしております。

ビジネスライティング説得力 UP 講座

先生：会社訪問、工場見学、家へ招待された時など、感謝の気持ちを込めて礼状はできるだけ早く送りましょう。見学や訪問の感謝メールには必ず感想を添えることが大切です。

【ポイント1　丁寧度 UP】

Thank you for your hospitality ～. でおもてなしのお礼を述べます。

【ポイント2　信頼度 UP】

I believe the guided factory tour has really helped to improve communication between us. で進展を述べ、I was impressed by ～. で感銘を受けたことを記述します。

【ポイント3　丁寧度 UP】

再度、お礼を述べ、I hope to return the favor and host you here in Japan. 今度は招待したい旨を告げます。

ライティング力 UP 講座　Let's write English!

1. 御社のニューヨーク事務所訪問の際はご親切にしていただき、ありがとうございます。(the courtesies extended to us)

2. ワシントン滞在中のお心配りとおもてなしを感謝いたします。
   （appreciate / thoughtfulness / hospitality）

3. 空港までお出迎えくださいまして、ありがとうございました。
   （pick＋人＋up）

4. 特に、従業員の礼儀正しさに感銘を受けました。
   （More than anything else / be impressed with ～）

5. 御社の細部にいたる気配りとすぐれた労働倫理に感銘を受けました。
   （your attention to detail / work ethic）

6. 御社の進んだ環境保護技術に感銘を受けました。
   （your advanced environment protection system）

7. このシステムは地域社会に貢献すると思います。（contribute to ～）

8. 弊社の新製品XYZを宣伝する機会をいただきまして、ありがとうございます。（give us the opportunity / promote）

9. 御社と良い関係を築いていきたいと思います。
   （establish a good relationship with）

10. ワシントンでとても価値ある時間を過ごすことができました。
    （worthwhile time）

11. 素晴らしい食事をお宅でごちそうになり、ありがとうございました。
    （appreciate / the wonderful dinner）

12. 奥様が作って（準備して）くださったお料理は最高においしかったです。
    （superb）

13. 私たちは素晴らしい夕食とあなたとの会話を、これからもずっと覚えているでしょう。(remember / pleasant conversation)

14. あなたからの贈物を、このとても素晴らしい旅行の思い出として大切にします。(treasure＋目的語＋as a reminder)

15. スタッフの皆様にもよろしくお伝えください。
    (give one's best regards to ～)

よく使う表現　模範解答

1. Thank you very much for **the courtesies extended to us** when we visited your New York office.

2. We **appreciate** your **thoughtfulness** and **hospitality** during our stay in Washington.

3. Thank you very much for **picking** us **up** at the airport.

4. **More than anything else, I was impressed with** the politeness of your staff members.

5. I was impressed with **your attention to detail** and excellent **work ethic**.

6. We were impressed with **your advanced environment protection system**.

7. I believe that this system will **contribute to** the community.

8. Thank you very much for **giving us the opportunity** to **promote** our new Product XYZ.

9. We would like to **establish a good relationship with** your company.

10. It was a very **worthwhile time** for me in Washington.

11. We really **appreciated the wonderful dinner** at your home.

12. The food your wife prepared for us was **superb**.

13. We will always **remember** the wonderful dinner and **pleasant conversation** we had with you.

14. We will **treasure** your gift **as a reminder** of a most enjoyable trip.

15. Please **give my best regards to** your staff members.

> 模範解答の講座

先生：模範解答4の決まり表現 I was impressed with 〜. の〜に your hospitality、your courtesies、your thoughtfulness などを入れて感謝の気持ちも伝えられるようになりましょう。

生徒：Thank you for 〜. と We appreciate 〜. の違いについて教えてください。

先生：We appreciate 〜. の方がフォーマルです。Thank you for 〜. はフレンドリーに聞こえる長所がありますが、どちらでもよいでしょう。
We appreciate it. はすでにしてもらったことに対する感謝の気持ちを表現する場合、We would appreciate it 〜. はこれからしてもらうことに対する感謝の気持ちを伝える場合に使いますので、間違わないように注意しましょう。

生徒：模範解答10ですが worthwhile の代わりに profitable でもいいですか？

先生：profitable は「利益の多い」を意味するので不適切です。本文5の fruitful や worthwhile を使うようにしましょう。

生徒：模範解答4の More than anything else の代わりに especially でもい

1・アポイントメントとスケジュール

いですか？

先生：文頭では especially より More than anything else の方が適切です。例えば I especially appreciate your help.（特に、あなたのご援助に感謝します）のように動詞の前に来るのは OK ですが、文頭に especially が来るのは不自然です。

生徒：模範解答9ですが establish a good relationship の代わりに make a good relationship を使ってもよろしいですか？

先生：make a good relationship よりも establish a good relationship の方が上品です。また make a plan はとても簡単なプランを立てる響きになるので、establish a plan を使えるようになりましょう。

生徒：模範解答14の We will treasure your gift as a reminder of a most enjoyable trip の a most enjoyable trip は the most enjoy a trip にすべきではないでしょうか。

先生：most は「a ＋ most ＋ 形容詞の原級 ＋ 名詞」で用いられる場合は「とても」を意味し very と同じ意味になります。a most enjoyable trip は「とても楽しい旅行」を意味します。most はいつも「一番」だと勘ちがいしている学習者が多いのでこれからは注意しましょう。

Chapter 1-8
海外からのお客様を迎える

> これを押えるのが決め手!

①来日歓迎→②依頼されていた件の手配完了→③飛行機便名、到着時刻を尋ね出迎えの意を伝える

Subject : RE : My business trip to Japan

Dear Mr. Brown:

1. I am delighted to hear that you are coming to Japan to visit the World Textile Trade Show.
2. We would be more than happy to show you around our factory on April 3.
3. We were not able to reserve a hotel near the Global Trade Center as you requested, because it was fully booked due to the trade show.
4. We have reserved three non-smoking single rooms at the Embassy Hotel for five nights from April 2.
5. The corporate rate is applied, so the room rate is 7,000 yen including tax and service charge.
6. The Embassy Hotel is famous for its high level of hospitality, and it is conveniently located in the city center, but it takes about 20 minutes to the Global Trade Center by car.
7. The hotel website is at embassy.com.
8. I will pick you up at the hotel and drive you to the Global Trade Center.
9. Please let me know your airline, flight number and arrival time so that I can meet you at the airport.

Sincerely,
Takumi Imagawa

> ### 日本語訳
>
> **件名： RE： 日本への出張**
>
> 1. 世界繊維展示会を見学に日本を訪問されることを知り、うれしく思います。
> 2. 喜んで、4月3日に工場を案内させていただきます。
> 3. リクエストされていましたグローバルトレードセンターの近隣のホテルは、展示会のため満杯で予約できませんでした。
> 4. 4月2日から5泊で、エンバシーホテルの禁煙のシングルルーム3部屋予約しました。
> 5. 法人割引が適用されるので、部屋の料金は税金とサービス料込みで1泊7千円です。
> 6. エンバシーホテルはおもてなしの良さで知られ、都心部の便利な場所に位置します。しかしグローバルトレードセンターへは車で20分かかります。
> 7. ホテルのホームページは embassy.com です。
> 8. 車でホテルにお迎えにあがり、グローバルトレードセンターまで送らせていただきます。
> 9. 空港にお迎えにまいりたいと思いますので、ご利用の飛行機の便名と到着時刻をお知らせください。

ビジネスライティング説得力 UP 講座

先生：これは展示会見学のため日本に来る顧客に工場見学と、ホテルの予約を依頼されていることに対する返事のメールです。

【ポイント1　信頼度 UP】

I am delighted to hear that 〜. で来日されることに対する歓迎の言葉を述べる。

【ポイント2　信頼度 UP】

依頼されていた工場見学の手配ができていることを述べます。

【ポイント3　信頼度 UP】

依頼されていたホテルの手配はできなかったが、代わりの便利なホテルを予約したことを述べます。

ホテルに車で出迎える（pick up）旨を述べます。

【ポイント4　信頼度 UP】
Please let me know ~. でさらなる詳細な連絡を歓迎します。

ライティング力 UP 講座　Let's write English!　（　）内の単語を使いましょう。

1. どうぞ詳細なスケジュールをお知らせください。（let me know）

2. 誰かが空港に車でお迎えできるように手配いたします。
   （arrange for someone ＋ to ~）

3. 貴殿のご訪問に関して次のように手配しましたことをお知らせします。
   （We are pleased to ~ / inform ＋ 人 ＋ of）

4. 4月3日の工場見学の手配を完了いたしました。
   （arrange a factory tour for ＋ 日付）

5. エンバシーホテルに4月2日から3泊、禁煙のシングルルーム2室とツインの部屋を1室予約しました。（for three nights from April 2）

6. 交通案内を添付いたしましたので、お役立てください。
   （which you may find helpful）

7. さらに必要な手配がございましたら、どうぞお知らせください。
   （If you need ~ / please let me know.）

8. スケジュールの変更がございましたら、できるだけ早くお知らせください。
   （If there is any change ~）

9. 4月3日の夜に夕食をご一緒したいと思います。（on the night of ＋ 月日）

10. どの料理が一番お好きですか？　中華料理、イタリア料理、日本料理からお選びいただけます。（There is a choice of ~）

1・アポイントメントとスケジュール

よく使う表現　模範解答

1. Please **let me know** your detailed schedule.

2. I will **arrange for someone to** pick you up at the airport.

3. **We are pleased to inform you of** the following arrangements for your visit.

4. We have **arranged a factory tour for** April 3.

5. We have reserved two non-smoking single rooms and one non-smoking twin room at the Embassy Hotel **for three nights from April 2**.

6. I have attached a transportation guide **which you may find helpful**.

7. **If you need** any further assistance, **please let me know**.

8. **If there is any change** in your schedule, please let me know as soon as you can.

9. We would like to have dinner with you **on the night of** April 3.

10. **There is a choice of** Chinese, Italian, or Japanese food. Which would you like best?

模範解答の講座

先生：必要に応じてメールの本文と模範解答の文を組み合わせれば顧客が来日される際の連絡メールは完璧です。

　　　ここでは Let me know 〜、inform ＋人＋ of、arrange for someone ＋ to 〜、の決まり表現を身に付けましょう。

生徒：例えば模範解答1の文ですが、次の2の文と意味は同じですか？
1. Please let me know your detailed schedule.
2. Please inform me of your detailed schedule.

先生：2.の方がフォーマルになります。1.は話し言葉にも書き言葉にも使えますが、2.は書き言葉だけに使われます。
もう1つ付け加えますと Please let me know 〜. や Please inform me of 〜. の代わりに Please tell me about 〜. は使わないようにしましょう。幼稚に聞こえます。

生徒：なるほど。質問ですが模範解答4. We have arranged a factory tour for April 3. の for は on の間違いではないでしょうか？

先生：for の方が適切です。on ですと予約を完了したその日の意味も持ちます。例えば、レストランで席を予約する場合を考えてみましょう。

例. ◯ We reserved a restaurant table for 8 p.m.
　　△ We reserved a restaurant table at 8 p.m.

△の文だと、あたかも8時という時間に予約を完了したかのように聞こえます。reserve を使って予約をする場合は for を使うようにしましょう。

Chapter 2-1
新担当者挨拶

これを押えるのが決め手！

①名前と配属など自己紹介→②誰の後任であるかと着任日を記す→③簡単な経歴紹介→④仕事に意欲を表明し連絡先を記す

Subject : Change in the person in charge of your account

Dear Mr. Turner:

1. Please allow me to introduce myself.
2. I am Akira Nakata, and I have been assigned to the overseas sales division.
3. I am replacing Norifumi Shibayama, who left the company last month.
4. I took over from him as the contact person for your company on April 1.
5. I have worked for the planning department for five years, and I believe this will help me with my work in the overseas sales division.
6. I would like to talk with you in person in the near future.
7. As soon as I get settled, I would like to make an appointment for my first visit.
8. If you have any questions, please feel free to contact me at akiranakata@aaa.com, or at xx-xxx-xxxx.

Sincerely,
Akira Nakata

日本語訳

> **件名： 貴社取引担当者の変更**
>
> 1. どうぞ自己紹介させてください。
> 2. 中田明と申しまして、海外販売部に配属されました。
> 3. 先月退職した柴山典文の後任です。
> 4. 4月1日に柴山から貴社担当を引き継ぎました。
> 5. 5年間、企画部で勤務してまいりましたので、この経験は海外販売部での仕事に役立つと思います。
> 6. 近いうちにお会いして、お話しさせていただきたいと思います。
> 7. 落ち着きましたら、最初の訪問のお約束をさせていただきたいと思います。
> 8. ご質問がございましたら、akiranakata@aaa.com. または xx-xxx-xxxx までご連絡ください。

ビジネスライティング説得力UP講座

【ポイント1　信頼度UP】

Please allow me to introduce ～. と自己紹介をする許可を得ることから丁寧に始め、名前・配属・役職などを記します。

【ポイント2　信頼度UP】

I am replacing ～. と～に前任者の名前を挙げて誰の後任であるかを明記し、次に正式に仕事を引き継いだ月日を入れましょう。

前任者の退職の理由については記述しない方がいいです。交代の連絡は迅速に行うべきなのですが、遅れたとしても言い訳がましい理由は記述しない方が良いでしょう。

【ポイント3　信頼度UP】

今までの仕事が転勤先での新しい仕事に役立つことが信頼感を生み出します。

【ポイント4　説得力UP】

talk with you in person（面と向かって話す＝会って話す）ことを希望していることを述べつつ連絡先、電話番号も入れましょう。

ライティング力 UP 講座　Let's write English!　（　）内の単語を使いましょう。

（2～4は未来進行形）

1. 私はマーケティングのコーディネーターに任命されました。
   （be appointed as ～）

2. 私は4月1日付で Linda Clancy の後任となります。
   （replace / as of）

3. 田中弘から10月1日付で御社の担当を引き継ぎます。
   （take over your account from ～）

4. 私は9月1日付で ABC トレーディングの貴社担当として山田茂の後任となります。（succeed 人 as）

よく使う表現　模範解答

1. I have **been appointed as** a marketing coordinator.

2. I will **be replacing** Linda Clancy **as of** April 1.

3. I will **be taking over your account from** Hiroshi Tanaka as of October 1.

4. I will **be succeeding** Shigeru Yamada **as** your main contact at ABC Trading as of September 1.

模範解答の講座

先生：模範解答で「引き継ぐ」は replace、take over、succeed の練習をしましたので、しっかり覚えましょう。

生徒：「担当する」は、be in charge of ～だけを覚えていればよろしいですか？

先生：例えば、「私はマーケティングの担当をしています」の表現5種類を覚えましょう。
① I am in charge of the marketing.
② I am responsible for the marketing.
③ I handle the marketing.
④ I take care of the marketing.
⑤ I am assigned to the marketing.

Chapter 2-2
転勤・退職のお知らせ

> これを押えるのが決め手！

①異動のお知らせ→②今までのお礼を述べる→③後任者の紹介→④今後の支援のお願い

Subject : Personnel Change

Dear Ms. Bernard:

1. I am writing to inform you about a personnel change.
2. I will be transferred to the Singapore branch as a sales department manager as of October 1.
3. I have enjoyed working with you for the last three years.
4. I would like to say thank you for your patience and cooperation.
5. Masaya Tanaka will be taking over your account from me.
6. I am sure that you will enjoy an equally favorable relationship with him.
7. I would appreciate it if you would offer Mr. Tanaka your continued support.

Sincerely,

Ikuko Adachi

2・お知らせ

日本語訳

件名： 人事異動

1. 人事異動に関するご連絡を差し上げます。
2. 10月1日付でシンガポール支社の営業部マネージャーとして転勤になります。
3. 3年間、御社と楽しくお仕事をさせていただきました。
4. 忍耐とご協力にお礼を申し上げたいと思います。
5. 田中正也が貴社担当を引き継ぎます。
6. 貴社がこれまでと同様に彼と良い関係を保たれることを確信しております。
7. 田中氏にも引き続きご支援をお願いしたいと思います。

ビジネスライティング説得力 UP 講座

先生：自分自身の転勤や退職の挨拶とお礼を述べるだけでなく、後任者への支援が信頼関係 UP につながります。

【ポイント1　信頼度 UP】

I will be transferred to ＋ (転勤先・転部先) ＋ as 役職名 ＋ as of ＋ 日付を正確に知らせましょう。

【ポイント2　信頼度 UP】

I would like to say thank you for 〜. を使って、忍耐 (patience) とご協力 (cooperation) に対して感謝の気持ちを述べましょう。

【ポイント3　信頼度 UP】

後任者の紹介だけでなく、I would appreciate it if you would 〜. を使って、後任者への引き続きの支援 (continued support) の提供 (offer) をお願いしましょう。

ライティング力 UP 講座　Let's write English!　（ ）内の単語を使いましょう。

1. 6月1日付で広報部に配属になります。

    (be reassigned to / public relations department / as of)

2. 5月1日付で東京本社に企画部長として転勤になります。
   (be transferred to)

3. 10月1日付でABC商事からXYZ商事に副社長として出向いたします。
   (be on loan または be seconded)

4. 3月31日付でABC商事を退社いたします。(leave ＋ 会社名)

5. 過去5年間のお力添えをいただきましたことを、心から感謝いたします。
   (express my gratitude / all your support)

6. 皆様のご多幸をお祈りします。(I wish you / all the best)

7. 貴殿並びに御社のご多幸とますますのご活躍と繁栄をお祈り申し上げます。
   (the best of luck and continued success)

よく使う表現　模範解答

1. I will **be reassigned to** the **public relations department as of** June 1.

2. I will **be transferred to** the Tokyo head office as manager of the planning department as of May 1.

3. I will **be on loan** from ABC Trading to XYZ Trading as the vice president as of October 1.

4. I will **be leaving** ABC Trading as of March 31.

5. I would like to **express my gratitude** for **all your support** over the past five years.

6. **I wish you all the best** in the future.

7. I wish you and your company **the best of luck and continued success**.

<!-- 2・お知らせ -->

> 模範解答の講座

先生：「配置転換する」は be reassigned、「転勤する」は be transferred to、「出向する」は be seconded をしっかり覚えましょう。

生徒：社内での配置転換は be reassigned to の代わりに be transferred to を使えないのですか？

先生：使えます。またよく質問を受けるのですが、be transferred の代わりに transfer も使えます。

生徒：be on loan、be seconded が「出向する」を意味するとは驚きです。

先生：定年退職なら be leaving より be retiring from が適切であることも覚えましょう。つまり「3月31日付でABC商事を退職いたします」なら I will be retiring from ABC Trading as of March 31 です。

Chapter 2-3
不在のお知らせ

> これを押えるのが決め手！

①不在を知らせる→②緊急時の連絡先を知らせる→③代理担当者の連絡先を知らせる→④ご協力に感謝する結び

Subject : Notice of absence

Dear Mr. Turner:

1. I will be out of the office on a business trip to New York from September 7 through September 17.
2. During this period, I will not be able to check my e-mail regularly.
3. If anything urgent comes up, you can call me on my mobile phone at 090-6555-8756.

4. My coworker Sayaka Ide will fill in for me during this period.
5. You can e-mail her at s-ide@jtrading.co.jp and call her at 03(xxxx) yyyy.
6. She will be able to answer any questions and handle any issues that arise.

7. I would appreciate your cooperation.

Best regards,

Takumi Imagawa

日本語訳

件名： 不在のお知らせ

1. 9月7日から9月17日までニューヨークに出張するため、社内にはおりません。
2. この期間中、Eメールを定期的にチェックすることはできません。
3. 何か緊急なことが起こりましたら、携帯電話090-6555-8756にお電話ください。
4. 同僚の井出さやかが代理を務めます。
5. メールアドレス s-ide@jtrading.co.jp と電話番号03（xxxx）yyyy にご連絡ください。
6. 彼女がどのような質問にもお答えし、対処いたします。
7. ご協力をよろしくお願いします。

ビジネスライティング説得力UP講座

【ポイント1　信頼度UP】
不在の場合は、主語＋be out of the office または、主語＋be away from the office、または during my absence を使い、期日（from A through B）も知らせましょう。

【ポイント2　信頼度UP】
緊急の場合（If anything urgent comes up）の連絡先を告げる。

【ポイント3　信頼度UP】
不在中に代理の仕事をしてくれる（fill in for）秘書（secretary）または同僚（coworker）のメールアドレスと電話番号を知らせましょう。

ライティング力UP講座　Let's write English!　（　）内の単語を使いましょう。

1. 急を要する家族の事情のために4月10日から15日まで不在となります。
   （Due to a family emergency）

2. 私が不在の間は山田紀彦が御社を担当します。（take care of）

3．私が不在の間は小野幸子が私の代理を務めます。
（During my absence / fill in for me）

> よく使う表現　模範解答

1. **Due to a family emergency**, I will be out of the office from April 10 to 15.

2. While I am out of the office, Norihiko Yamada will **take care of** your account.

3. **During my absence**, Sachiko Ono will **fill in for me**.

> 模範解答の講座

先生：模範解答1では I will be out of the office の決まり表現がきちんと使えていますね。
生徒：中学英語で学んだ「世話をする」は知っていたのですが、take care of が「担当する」を意味するとは知りませんでした。
先生：ビジネス英語では「引き受ける・処理する・担当する」を意味することもしっかり覚えましょう。
生徒：fill in for「代理を務める」の代わりに replace を使ってもいいですか？
先生：replace は「取って代わる」を意味し、「担当が完全に交代する」と誤解される可能性があるので、使ってはいけません。

Chapter 2-4
休業日（年末・年始・お盆休み・棚卸 etc.）のお知らせ

> これを押えるのが決め手！

①休業日とその理由を知らせる→②緊急連絡先を知らせる→③理解と協力に感謝する結び

Subject : Notification of holidays

Dear Sir or Madam:

1. Please note that Japan Trading Co. will be closed from December 30 to January 4 for our regular company New Year holiday.
2. Our office will reopen for regular office hours on January 5.

3. If any urgent matters arise during this holiday period, please feel free to call us toll-free at 0120-345-762900 or email us at info@jac.co.jp.
4. Our website is accessible any time at http://www.jac.tra@qwer.tyu.

5. We would appreciate your understanding and cooperation.

Sincerely,

Takumi Imagawa

> 日本語訳

> 件名： 休業日のお知らせ
>
> １．日本商事は年間カレンダー、新年の休日に基づき12月30日から1月4日までお休みをいただくことをご連絡申し上げます。
> ２．1月5日は通常通り営業させていただきます。
> ３．この期間中に緊急の用件が発生した場合は、ご遠慮なくフリーダイヤル0120-345-762900にお電話くださるか、info@jac.co.jp 宛にEメールしてください。
> ４．弊社ウェブサイト http://www.jac.tra@qwer.tyu はいつでもご覧いただけます。
> ５．ご理解とご協力をお願い申し上げます。

> ビジネスライティング説得力UP講座

先生：会社の休業日をお知らせすることが、業務をスムーズに行う上でとても大切です。

【ポイント１　説得力UP】
Eメール本文1のfor＋理由で for our regular company New Year holidays のように、休業する理由を入れましょう。

【ポイント２　丁寧度UP】
from 月日 to 月日で休業期日を書くだけでなく、次の営業日もきちんと書きましょう。

【ポイント３　信頼度UP】
緊急の用件（urgent matters）が発生した場合の電話番号とメールアドレスを知らせましょう。

> ライティング力UP講座　Let's write English!

1～4まではPlease note＋主語＋動詞を定着させましょう。

１．8月13日から8月17日までは夏季休暇のため、お休みをいただきますの

でご注意ください。

(Please note that / be closed / our regular summer holiday)

2．6月10日は弊社20周年創立記念日のため休業いたしますので、ご注意ください。(be closed / to celebrate our company's 20th anniversary)

3．5月18日は従業員研修のため、お休みさせていただきます。
(for a staff training session)

4．Japan Trading Co. は棚卸のため、3月25日は終日営業を休止することにご注意ください。(suspend operations / the whole day / stocktaking)

5．その期間に急用ができましたら090-9340-5786までお電話ください。
(urgent matters / during this period)

2・お知らせ

よく使う表現　模範解答

1. **Please note that** we will **be closed** from August 13 to 17 for **our regular summer holiday**.

2. Please note that we will **be closed** on June 10 **to celebrate our company's 20th anniversary**.

3. Please note that our office will be closed **for a staff training session** on May 18.

4. Please note that Japan Trading Co. will **suspend operations** for **the whole day** due to **stocktaking** on March 25.

5. If any **urgent matters** arise **during this period**, please call me at 090-9340-5786.

> 模範解答の講座

生徒：Please note 〜. の代わりに Please be informed 〜. や Please be advised 〜. を使ってもいいですか？

先生：OK です。Please note 〜. Please be informed 〜. Please be advised 〜. は「〜をお知らせします」を意味します。「注意してください・ご留意ください」の意味合いを出すには Please note 〜. が一番です。

生徒：close と be closed の違いを教えてください。

先生：close は「閉める」を意味する動作、be closed は「閉まっている」状態、この場合は休暇中なので be closed がふさわしいです。

生徒：if any urgent matters arise の代わりに in case of emergency を使ってもいいですか？

先生：in case of emergency は「非常事態の場合」のイメージがあるので意味が異なります。

Chapter 2-5
事務所移転・開設のお知らせ

> これを押えるのが決め手！

①移転月日→②住所・電話・Fax 番号→③相手に対し訪問を歓迎する旨を告げる。

Subject : Notification of office relocation

Dear Mr. Smith:

1. We are pleased to announce that ABC Trading Company Co., Ltd. will move to the following address as of April 1.
2. Address: X-X-X Nishinakajima, Yodogawa-ku, Osaka 532-0011
3. The new telephone and fax numbers are as follows:
   Phone: (06) XXXX-XXXX
   Fax:　 (06) XXXX-XXXX

4. My e-mail address will remain the same.
5. Would you please change your address book accordingly?

6. Our new office is located more conveniently than the present one.
7. You are welcome to visit our new office.
8. Please contact me to arrange a convenient time.

9. We look forward to continuing our good working relationship.

Sincerely,

Takumi Imagawa

日本語訳

> **件名： 事務所移転のお知らせ**
> 1. 4月1日付で ABC 商事株式会社は下記住所に転居いたしますことをお知らせ申し上げます。
> 2. 住所：〒532-0011　大阪市淀川区西中島 X-X-X
> 3. 新しい電話番号と Fax 番号は下記の通りです。
>   電話（06）XXXX-XXXX
>   ファックス（06）XXXX-XXXX
> 4. 私の E メールアドレスは今と同じです。
> 5. 住所録の変更を、どうぞよろしくお願いします。
> 6. 弊社の新事務所は、現在の場所より便利な場所に位置します。
> 7. 貴殿が新事務所を訪問されることを歓迎いたします。
> 8. ご連絡いただければ、ご都合のよい時間を設定いたします。
> 9. これからも良好な業務関係を続けられますことを望んでおります。

ビジネスライティング説得力 UP 講座

【ポイント1　明快度 UP】

移転する日を as of ＋月日「〜付で」と明記し住所を書きます。

【ポイント2　明快度 UP】

電話番号、FAX、メールアドレスの順番で箇条書きしましょう。

The new telephone number、fax number、and e-mail address are as follows:

同じ場合は、主語＋will remain the same. と記します。

住所録の変更は Would you please change your address book accordingly? と依頼しましょう。accordingly は（それに応じて）を意味しますが、訳には反映されないことも多いです。

【ポイント3　説得力 UP】

Our new office is located more conveniently than the present one. など、移転の理由を記し、訪問歓迎を希望します。

ライティング力UP講座　Let's write English!

1. 弊社の現事務所は3月31日付で閉鎖いたします。（close / as of）

2. 通常の稼働への支障を最小限にすべく、努力をいたしている次第です。（minimize the disturbance to / normal operations）

3. 4月1日より、弊社宛の文書はすべて新事務所にお送りいただけますでしょうか？（Would you please 〜 / your documents）

4. 事務所の移転に関しましてご質問のある方はどうぞ私にEメールしてください。（relocation of our office）

5. 10月1日付で大阪支社を開設いたしますことを、お知らせします。（as of）

6. XX-kuとYY-kuの統合により、4月1日付で住所はXXXXXからYYYYYに変更になります。（Due to the merger of）

よく使う表現　模範解答

1. Our present office will be **closed as of** March 31.

2. We are doing our best to **minimize the disturbance to** our **normal operations**.

3. **Would you please** send **your documents** to our new office from April 1?

4. If you have any questions regarding the **relocation of our office**, please e-mail me.

5. We are pleased to announce that we will be opening the Osaka branch office **as of** October 1.

6．Due to the merger of XX-ku and YY-ku, our address will be changed from XXXXX to YYYYY effective April 1.

> 模範解答の講座

先生：このチャプターでは、旧事務所を閉鎖し新事務所に移転する案内状について教えました。模範解答5の We are pleased to announce that we will be opening ＋ 支店名 ＋ as of ＋ 月日を文頭に置き、E メールの本文を組み合わせると新事務所開設の案内状を作成できます。

生徒：決まり表現を覚えると応用が効いて便利ですね。また少し be closed と close がわかりにくいのですが。

先生：3フレーズの例を挙げて説明しましょう。

① Our present office will close as of March 31.
② Our present office will be closed as of March 31.
③ Our present office will be closed on March 31.

①と②は「弊社の現事務所は3月31日付で閉鎖いたします」を意味しますが、②のフレーズがベストです。be closed は閉鎖している状態、close は閉鎖する動作を意味するからです。③は on March（3月31日）のみの閉鎖です。

移転や新事務所や工場開設の連絡はとても大切です。また、市区町村合併による合併の場合の住所変更も模範解答6で練習し、しっかり書けるようになりましょう。

Chapter 2-6
社名変更のお知らせ

> これを押えるのが決め手！

①新旧社名の正式名を併記し変更年月日を明記する→
②新社名の意味を記す→③変更に伴う労力を詫びる→
④社名変更後のご愛顧をお願いする。

Subject : Change of company name

Dear Mr. Smith:

1. We are pleased to announce that we will be changing our corporate name from Kinki Trading to Global Trading Co., Ltd. as of April 1.
2. Ten years ago Kinki Trading was established as a trading company dealing in socks.
3. For the past five years we have been expanding abroad and now we deal in goods ranging from apparel to furniture.
4. Our new company name, Global Trading, will reflect our corporate image and diversified operations.
5. Please note that the name of our trading account will be changed to Global Trading Co., Ltd.
6. Could you please change your records accordingly?
7. Our address, telephone number, fax number, and e-mail address will remain the same.
8. As Global Trading, we will continue to strive to offer you better services.
9. We would appreciate your continued support.

Sincerely,
Eiji Uda
President, Kinki Trading
Kinki Trading Co., Ltd.

日本語訳

件名： 社名変更

1. 弊社社名が、近畿商事からグローバル商事株式会社に4月1日付で変更することをお知らせいたします。
2. 10年前、近畿商事は靴下を取り扱う商社として設立しました。
3. 過去5年間、弊社は海外進出し、現在はアパレルから家具までを幅広く取り扱うようになりました。
4. 弊社の新社名、グローバル商事は会社のイメージと多角化を反映しております。
5. 取引勘定口座の名義がグローバル商事株式会社に変更になりますことにご留意ください。
6. また、御社の記録をそれに伴いご変更くださいますように、どうぞよろしくお願い申し上げます。
7. 弊社の住所、電話番号、Fax番号、Eメールアドレスは同じままです。
8. グローバル商事としてさらに良いサービスをご提供させていただきますように努力いたします。
9. これからもご支援をたまわりますよう、よろしくお願い申し上げます。

ビジネスライティング説得力UP講座

先生：会社名の変更は銀行口座名義の変更にもなります。また代理店の場合ですと取引先にカタログの会社の名前も変更してもらわなければなりません。Chapter 2-4休業日のお知らせや2-5事務所移転も同様ですが、取引先社員や関係部署にはすべてお知らせを送るようにしましょう。

【ポイント1　明快度UP】

We will be changing our name from ～ to … as of 月日．（社名が ～から…に as of ＋月日に変更になる）をはっきりと書きます。

【ポイント2　説得力UP】

Our new company name will reflect ～．の～に新社名が何を意味するかを書き、取引先に興味を持ってもらいます。

【ポイント3　説得力UP】

記録の変更を Could you please change your records accordingly?（ま

た、御社の記録もそれに伴いご変更くださいますように、どうぞよろしくお願い申し上げます）とお願いします。

ライティング力 UP 講座　Let's write English!

1. 4月1日付で新社名は日本出版株式会社からCross Culture Communications株式会社に変更になりますことを、お知らせいたします。
（be renamed / effective＋月日）

2. 弊社の名前の変更は弊社の本を通してコミュニケーションを向上させる願いを反映させております。（reflect our wish to）

3. 類似した他社との名称の混同を避けるために、社名を4月1日付で関西商事よりストリーム商事株式会社に変更します。（change our name from A to B / avoid confusion with / another company with a similar name）

4. 取引勘定口座の名義も、これに伴い変更されます。
（trading account / accordingly）

5. 御社の記録もそれに応じて更新してくださいますように、お願いします。
（We would appreciate it if you could ～）

よく使う表現　模範解答

1. We are pleased to announce that Nihon Publishing Corporation will **be renamed** Cross Culture Communications Co., Ltd., **effective** April 1.

2. Our name will **reflect our wish to** improve communications through our books.

3. We will **change our name from** Kansai Trading **to** Stream Trading Co., Ltd. as of April 1 in order to **avoid confusion with another**

company with a similar name.

4. The name of our **trading account** will be changed **accordingly**.

5. **We would appreciate it if you could** change your records

> 模範解答の講座

先生：We will change our name from 旧会社名 A to 新会社名 B.（弊社の社名を A から B に変更いたします）や本文に出ている旧会社名 will be renamed ＋新会社名（旧会社名は新会社名になります）の決まり表現は身に付きましたか？

生徒：覚えます。模範解答2で使われている主語＋reflect our wish to 〜（主語は〜の願いを反映します）や模範解答4の accordingly（それに応じて）の用法も、とても勉強になりました。

先生：It's important for you to adjust your records. の意味がわかりますか？

生徒：「記録をしかるべく修正することは大切です」ね。

先生：はい、よろしい。ビジネスの世界では accordingly（状況に応じて）、promptly（迅速に）かつ、正確に（accurately）処理することが大切です。

Chapter 2-7
合併・提携・組織改編のお知らせ

> これを押えるのが決め手！

①合併・提携の相手名とその年月日を記す→②新会社名、本社所在地の詳細→③目的と利点を示す

Subject : Notification of merger

Dear Customers:
1. We are pleased to announce that Tokyo Medical Technology Co., Ltd. will merge with Kansai Medical Equipment Co., Ltd. under the name of Health Life Medical Technology Co., Ltd., effective April 1.
2. Our new corporate name, Health Life Medical Technology, will reflect our wish to restore and maintain health through use of our medical equipment.
3. Please note that the name of our trading account will be changed to Health Life Medical Technology Co., Ltd..
4. We would appreciate it if you could change your records accordingly.
5. Our headquarters will remain in Tokyo and our branch office in Osaka.
6. We are confident that this new organization will enable us to offer you a higher level of service by importing advanced medical equipment and developing innovative products.
7. Your continued support will be highly appreciated.
8. More detailed information is available on our website at http://www.xxx.xxx.net.

Respectfully,
Akio Nakai
President
Tokyo Medical Technology Co., Ltd.

> 日本語訳

> 件名： 合併のお知らせ
> 1. 4月1日付で東京メディカルテクノロジー株式会社は関西メディカル機器株式会社と合併しヘルスライフメディカルテクノロジー株式会社と改称することを謹んでご報告させていただきます。
> 2. 新社名、ヘルスライフメディカルテクノロジーは弊社の医療機器を使用していただき、健康な生活を送っていただく願いを込めております。
> 3. 取引先口座がヘルスライフメディカルテクノロジー株式会社に変更されますことにご留意ください。
> 4. ご記録を変更してくださるようにお願い申し上げます。
> 5. 今まで通り、本社は東京に、支社は大阪に置きます。
> 6. 高度に開発された（先進の）医療機器の輸入、革新的な製品の開発をすることで、より高度なサービスをご提供させていただくことをお約束いたします。
> 7. これからも引き続きのご支援を賜りますよう、どうぞよろしくお願い申し上げます。
> 8. 詳細情報は、ホームページ http:// www.xxx.xxx.net でご覧いただけます。

ビジネスライティング説得力 UP 講座

【ポイント1　明快度 UP】

We are pleased to announce that 会社名 will merge with 会社名 under the name of 会社名 + effective 月・日付を明記しましょう。

【ポイント2　説得力 UP】

We are confident this new organization will enable us to ～. で～に目的や利点を書き、相手から信頼感を得ましょう。

ライティング力 UP 講座　Let's write English!

1～3は We are pleased to ～. を使いましょう。

1. 5月1日付で ABC フード株式会社が XYZ フード株式会社を買収したことを謹んでお知らせ申し上げます。（acquire / effective）

2. ABC電気株式会社がXYZ電気株式会社とジョイントベンチャー契約を結んだことを、謹んでお知らせ申し上げます。
  (sign a joint venture agreement with)

3. ABCアパレル株式会社とXYZアパレル株式会社が9月1日付で合併したことをお知らせ申し上げます。(merge / effective)

4. 弊社は、仕事を効率的に進めることで競争力を高めるために合併を決定いたしました。(heighten competitiveness / run one's business)

5. この合併で日本では20％の市場シェアを持つことになります。
  (enable + 目的語 + to ～)

6. この合併でアパレル業界では10位になります。(enable + 目的語 + to ～)

7. 4月1日付で受注部が流通部門と統合されます。
  (be integrated with / distribution department)

8. この再編によりご注文の品が迅速に配送されるようになります。
  (reorganization / enable + 目的語 + to ～)

9. 営業部が「営業管理部」「営業企画部」「海外営業部」に分かれます。
  (will be divided into)

10. この新組織により、より良いサービスの提供が可能になります。
  (enable + 目的語 + to ～)

よく使う表現　模範解答

1. We are pleased to announce that ABC Food Co., Ltd. has **acquired** XYZ Food Co., Ltd., **effective** May 1.

2. We are pleased to announce that ABC Electronics Co., Ltd. has **signed a joint venture agreement with** XYZ Electronics Co., Ltd.

3. We are pleased to announce that ABC Apparel Co., Ltd. and XYZ Apparel Co., Ltd. have **merged, effective** September 1.

4. We have decided to merge in order to **heighten competitiveness** by **running our business** more efficiently.

5. This merger will **enable** us **to** gain a 20% market share in Japan.

6. This merger will **enable** us **to** become No. 10 in the apparel industry.

7. Our order department will **be integrated with** the **distribution department** as of April 1.

8. This **reorganization** will **enable** us **to** deliver our products promptly.

9. The business department **will be divided into** the sales management department, the sales planning department and the overseas sales department.

10. This new organization will **enable** us **to** offer you better services.

模範解答の講座

先生：模範解答5、6、8、10で練習した決まり表現、主語＋will enable＋目的語＋to～は身に付きましたか？

生徒：はい。**This book will enable me to write good English!** です。

先生：はい！よろしい。組織編制では利点を強調することが大切です。

生徒：模範解答7の be integrated（統合する）の用法について、もっと知りたいです。
A Branch will be integrated with B Branch のように A 支店と B 支店が統合する場合も使ってもよろしいですか？

先生：はい！ OK ですよ。

Chapter 2-8
値上げのお知らせ

> これを押えるのが決め手！
>
> ①値上げとその理由と実施日を知らせる→②新価格表の添付をする→③さらに良いサービスの提供を約束し理解を求める

Subject : Notification of price increase

Dear Ms. Smith:

1. I am writing to notify you that we are raising the price of Model X by 5%, effective May 1.
2. Due to the rise in the cost of raw materials, we are forced to raise our prices.

3. We have attached a new price list that will become effective as of May 1, 20XX.
4. The new price list shows that the prices of our products are still competitive.
5. However, orders received before May 1 will be invoiced at our older prices.

6. We hope to show you our appreciation for your continued business by providing you with even better service.

Sincerely,

Takumi Imagawa

日本語訳

> 件名： 価格値上げのお知らせ
>
> 1. 5月1日をもってモデルXの価格を5％引き上げる旨をお知らせいたします。
> 2. 原材料のコスト上昇のために値上げせざるを得なくなりました。
> 3. 20XX年5月1日付で適用されます新価格表を添付させていただきます。
> 4. 新価格リストをご覧になれば、弊社商品の価格が依然として競争力のあるものであることをおわかりいただけます。
> 5. 5月1日より前に出されたご注文には、旧価格で請求書をお出しします。
> 6. これまで以上にサービスの向上に努め、ご厚情に報いるつもりです。

ビジネスライティング説得力UP講座

先生：値上げ通知には特に説得力が必要です。例えば、「市場動向を反映させるため定期的な価格調整が必要です」は説得力に欠けます。また、値上げの日付の代わりに、immediately「直ちに」と記している通知書や、新価格表が添付されていない通知は信頼されませんし説得力もありません。値上げの通知は謝罪するためではなく相手に理解してもらうために送るのです。ここでは説得力ポイントを4点講義します。

【ポイント1　説得力UP】

値上げ率と値上げ実施日を初めに明記します。

Due to ～の～に値上げ理由を書きましょう。

値上げ理由①　生産コスト上昇　due to the increase in production costs
値上げ理由②　輸送コスト上昇　due to the increase in transportation costs
値上げ理由③　円安　　　　　　due to the lower yen

【ポイント2　説得力UP】

価格表を添付し、値上げしても競争力のある（competitive）ことを伝えましょう。

【ポイント3　説得力UP】

5月1日より前に受領した注文書（orders received before May 1）は旧価格で請求書を出す（will be invoiced at our older prices）ことで改定日を

強調し、顧客に注文を促すことになります。

【ポイント4　信頼度UP】
これまで以上にサービスの向上に努めることによって (by providing you with even better service) 感謝の気持ちを伝え、顧客の信用を得ましょう。

ライティング力UP講座　Let's write English!　（　）内の単語を使いましょう。

1. 非常に申し訳ないのですが、Model Y の価格を5月1日付で5%値上げすることをお知らせします。(regret to inform / raise / effective)

2. 原材料が石油価格の上昇のために値上がりしました。(rise in oil prices)

3. 生産コストの上昇のために5%の値上げをせざるを得ません
 (Due to / rise in production costs / be forced to ～ / raise)

4. 円安のため、弊社製品を値上げせざるを得ません。
 (lower yen / be obliged to)

5. この状況をご理解いただけることを希望いたします。(We hope)

6. 新価格表を添付しております。(attach)

7. 新しい価格表は5月1日付で適用されます。
 (become effective on ＋日付)

8. 新しい価格は5月1日付で適用されます。(go into effect)

9. 5月1日以降のご注文には新価格で請求をお出しします。(be invoiced)

10. 4月15日以前に発行したお見積書に関しましては、旧価格で請求書をお出しします。(Quotations before ～)

> よく使う表現　模範解答

1. We **regret to inform** you that we are **raising** the price of Model Y by 5%, **effective** May 1.

2. Due to the **rise in oil prices,** the cost of raw materials has increased.

3. **Due to** the **rise in production costs**, we **are forced to raise** our prices by 5%.

4. Due to the **lower yen**, we **are obliged to** raise the prices of our products.

5. **We hope** that you can understand the situation.

6. We have **attached** a new price list.

7. The new price list will **become effective on** May 1.

8. The new price **will go into effect** on May 1.

9. Orders after May 1 will **be invoiced** at the new prices.

10. **Quotations before** April 15 will be invoiced at our older prices.

> 模範解答の講座

先生：Chapter 1-4のライティングUP講座で取り上げたWe regret to inform you 〜. を模範解答1で復習しましたが覚えていましたか？
生徒：はい！ところでbe obliged to 〜とbe forced to 〜は同じですか？
先生：同じです。「〜をしなければならない」を意味します。have toはカジュアルで子供っぽく聞こえるので、この場合は使わないようにしましょう。

差異を表す by 〜 % をきっちり使えるようになりましょうね。
生徒：はい！質問なんですが模範解答 2 には rise in oil prices、模範解答 3 には rise in production costs が使われていますね。in を使うのですね。
先生：OK ですよ。それでは増減を表す in の例を見ましょう。

---

① an increase in 〜：「〜の増減」　② a rise in 〜：「〜の上昇」
③ a decrease in 〜：「〜の減少」　④ a fall in 〜：「〜の下落」
⑤ a drop in 〜：「〜の減少」

生徒：rise は動詞では「上がる」の意味ですよね。
先生：例として Prices will rise.「価格は上がる」が挙げられます。
raise は「上げる」を意味しますが、間違って使われていることが多いので rise と rose の活用形 を確認しましょう。

上がる	rise – rose – risen	
上げる	raise – raised – raised	
生じる	arise – arose – arisen	

生徒：We attached 〜 . と過去形にしてもいいですか？
先生：現在完了形を使います。過去形にすると時間が経過してしまっているイメージになります。enclosed「同封する」は手紙で使えますが E メールでは使えないことも、しっかり覚えましょう。
生徒：invoice は、名詞の意味の「請求明細書・送り状」だけしか知りませんでした。
先生：動詞の意味「請求する」も、しっかり覚えましょうね！

Chapter 2-9
値下げのお知らせ

> これを押さえるのが決め手！
>
> ①値下げとその理由と実施日を知らせる→②新価格表の添付をする→③さらに良い商品をお手頃価格で提供するために努力する旨を記す。

Subject : Notification of price reduction

Dear Mr. Acker:

1. We are pleased to notify you that we are lowering the price of Model Y by 5%, effective September 1.
2. Thanks to advances in our XXX technology, we are now able to offer you Model Y at a better price.
3. We believe this is the most competitive price in the market.

4. Attached is a new price list and order form.

5. We continue to work hard to provide our customers with superior products at reasonable prices.

Sincerely,

Shoji Iwasaki

日本語訳

> **件名： 値下げのお知らせ**
> 1. モデルYの商品を9月1日付で5％値下げさせていただくことをお知らせします。
> 2. XXX技術の発展のおかげで、モデルYをよりお求めやすい価格でご提供させていただきます。
> 3. これは市場では一番競争力のある価格だと自負しております。
> 4. 新価格表と注文書を添付させていただきます。
> 5. お客様にすぐれた製品をお手頃な価格でご提供させていただくために尽力したいと思います。

ビジネスライティング説得力UP講座

先生：値下げの通知は、値上げの通知とは対照的に顧客を喜ばせることができます。しかし大幅値下げの場合ですと、会社の経済状態が悪いのではないかと顧客を不安にさせることもあります。理由を書きましょう。

【ポイント1　信頼度UP】
顧客にとっては良いお知らせなので We are pleased to ～. で始めるとよいでしょう。

【ポイント2　信頼度UP】
Thanks to ～ または Because of ～ で値下げの理由を述べましょう。

【ポイント3　信頼度UP】
at reasonable prices（手頃な価格で）提供するために尽力し続ける（continue to work hard）を述べましょう。手頃な価格を強調することが大切です。

ライティング力UP講座　Let's write English!　　（　）内の単語を使いましょう。

1. お客様に喜んでいただくために価格を下げることを決定いたしました。
   （lower one's prices）

2．生産コストの値下がりのおかげで、価格を10％値下げさせていただきます。
（Thanks to / the drop in production costs / lower）

3．新モデルが10月に発売されるのに伴い、当社の現行モデルの在庫を30％引きでご提供いたします。（be released / offer 〜％ on ＋ 商品 / existing stocks）

よく使う表現　模範解答

1．We have decided to **lower our prices** to please our customers.

2．**Thanks to the drop in production costs**, we are **lowering** our prices by 10％.

3．Since the new model will **be released** in October, we have decided to **offer** a 30％ reduction **on existing stocks**.

模範解答の講座

先生：模範解答3の We have decided to offer a 30％ reduction on existing stocks. の on を to にする人が多いので、間違わないようにしましょう。

生徒：offer A to B（AをBに提供する）しか知らなかったので、やってしまいそうです。
　　　気をつけます！

Chapter 2-10
値上げ通知への回答－値上げ拒否

これを押さえるのが決め手！

①値上げの確認→②再考を求める→③他社との取引をほのめかす

Subject : RE: Notification of price increase

Dear Mr. Green:

1. We were surprised to receive your notice announcing a price increase.
2. We would ask you to reconsider, because you increased your prices just four months ago.

3. We set retail prices according to our annual budget, so it seems to be impossible to accept this price increase.
4. We are unable to raise our retail prices, because we may lose some longtime customers.

5. If you raise your prices, we may look for another supplier who can offer us better terms.
6. If you reconsider, we would like to maintain our business relationship.

7. Please let us know your answer to this as soon as possible.

Sincerely,
Ken Yoshida

日本語訳

件名： RE：値上げのお知らせ

1. 値上げの通知のお知らせを受け取り、驚きました。
2. 4か月前に御社は値上げを実施されたばかりですから、再考された方がよろしいかと思われます。
3. 弊社では年次予算に基づき小売価格を設定することにしていますので、御社の値上げを受け入れることができません。
4. 弊社では長年にわたる顧客を失うことになりかねませんので、小売価格を上げることはできません。
5. 値上げを実施されるのでしたら、より良い条件を提供する供給業者を探すかもしれません。
6. 値上げを再考してくださればお取引は続けさせていただきたいと思います。
7. できるだけ早く、この件に関するお返事をください。

ビジネスライティング説得力 UP 講座

【ポイント1　明快度 UP】

We were surprised to receive your notice announcing a price increase. （値上げの通知のお知らせを受け取り驚きました）で困惑を表現しつつ、確認します。

【ポイント2　説得力 UP】

理由を記述して、We would like you to reconsider 〜. と再考を依頼します。

【ポイント3　説得力 UP】

We may look for another supplier 〜. と他の業者との取引や取引終了の可能性を促します。

ライティング力 UP 講座　Let's write English!　（　）内の単語を使いましょう。

1. 10月1日まで値上げを延期してもらえませんでしょうか？
   （Could you 〜 ? / postpone）

2. 今回の値上げ以降も大量注文に関しましては、現行価格を維持してもらえませんか？（maintain / current prices / quantity orders）

3. 価格の値上げは、私どものような小規模小売業者にとっては売り上げの下落の原因になります。（retailer / result in）

4. 弊社ではすでに次の四半期の予算を決定しましたので、変更することは不可能です。（budget）

5. 再考してくださらない場合は、御社との取引を終了せざるを得なくなります。（reconsider / be forced to / terminate）

6. 再考してくださらない場合は、他社と取引せざるを得なくなります。（have no choice but to 〜）

よく使う表現　模範解答

1. **Could you postpone** the price increases until October 1?

2. Could you **maintain** the **current prices** for **quantity orders** even after the price increases?

3. For small **retailers** like us, a price increase will **result in** a decrease in sales.

4. We have already decided the **budget** for the next quarter; therefore, it is impossible to change it.

5. If you do not **reconsider**, we will **be forced to terminate** our business relationship.

6. If you do not reconsider, we **have no choice but to** do business with another supplier.

模範解答の講座

先生：値上げ通知に反対する通知として、ここでは reconsider（考え直す）ことをお願いしています。reconsider は consider 同様、動名詞しかとらないことを、しっかり覚えましょう。
　　　動名詞を目的語にとる動詞は**過去のことを表す、未来のことだが避けたい気持ちが入っている単語**が多いですが consider は例外です。
生徒：不定詞をとる動詞と動名詞をとる動詞の覚え方はないのでしょうか？
先生：下記の表を見ましょう。不定詞を目的語にとる動詞には**未来のことを表す動詞**が多いのがわかるでしょう。**決心、意図、要求、希望、期待、目標、賛成、約束、そして例外として拒否**などです。

1. **不定詞をとる動詞**

> want to ～「～したい」/ wish to ～「～を希望する」/ hope to ～「～を希望する」/ plan to ～「～を計画する」/ intend to ～「～するつもりである」/ be likely to ～「～の傾向にある」/ aim to ～「～を目標とする」/ decide to ～「～を決定する」/ determine to ～「～を決定する」/ expect to ～「～を期待する」/ promise to ～「～を約束する」/ manage to ～「何とか～をする」/ agree to ～「～に同意する」/ consent to ～「～に同意する」/ volunteer to ～「進んで～する」/ refuse to ～「～を拒否する」

生徒：なるほど！ 前向きの単語は to 不定詞をとることが多いのですね。そしてその例外は refuse to なのですね。覚えます。

2. **動名詞をとる動詞**

> avoid「避ける」/ deny「否定する」/ discontinue「中止する」/ dislike「嫌いである」/ escape「避ける」/ mind「気にする」/ postpone「延期する」/ finish「終える」/ suggest「提案する」/ consider「考える」/ reconsider「再考する」enjoy「楽しむ」/ appreciate「感謝する」

生徒：動名詞は過去のことや避けがたい気持ちなのですね。reconsider「再考する」は前向きですから例外ですね。
先生：suggest「提案する」、consider「考える」、appreciate「感謝する」はビジネスライティングでよく使うので覚えましょう。
次に 不定詞にも動名詞にも使われるが意味が変わる動詞 について教えましょう。

1. stop to ＋動詞の原形〜「〜のために立ち止まる」と stop 〜 ing「〜をやめる」

2. remember to ＋動詞の原形〜「〜することを覚えている」と remember 〜 ing「〜したことを覚えている」

生徒：Chapter 1-4 と Chapter 2-8 のライティング UP 講座で学んだ regret も同じですね。
先生：はい、そうですね！ しっかり覚えていますね。次の形もライティングで必要なので覚えましょう。
(want / ask / tell / advise / require / instruct / expect / enable / prompt) ＋目的語＋ to 不定詞です。

生徒：ところで、in order to / so as to と to の違いは何ですか？
先生：in order to / so as to は目的を述べていることを強調する時に使います。特にライティングやミーティングで使います。

3 資料請求から交渉

Chapter 3-1
資料を請求する

> これを押えるのが決め手！

①情報入手の方法を明記する→②自己紹介する→③資料請求の理由　④カタログと価格表を依頼する→⑤住所、ホームページを知らせる

Subject : Inquiry regarding a product

Dear Ms. Thompson:

1. We recently read your advertisement for your line of Fashionable Super Light Rain Coats, in the April issue of the Trading Times.
2. We are a Japanese wholesale company, specializing in garments and general merchandise.
3. We are very interested in your Fashionable Super Light Rain Coats.
4. We have a rainy season in Japan, so your products may become popular here.
5. Could you please send us an up-to-date catalogue and price list?

Our address is:
Takumi Imagawa
Sales Department
Sunshine Company
3-2-1 Aoyama-cho, Shibuya-ku, Tokyo
Phone+81-3-8965-2345
Fax+81-3-5443-2346
http:// www.sunshine.co

Sincerely,
Takumi Imagawa

> 日本語訳

件名： 商品の問い合わせ

1. 最近、御社の製品、Fashionable Super Light Rain Coats に関する記事をトレーディング・タイムズ4月号で拝読いたしました。
2. 弊社は、服飾雑貨用品を専門にする日本の卸問屋です。
3. 弊社は Fashionable Super Light Rain Coats にとても興味があります。
4. 日本には雨季があるので、御社の製品が日本で人気が出るかもしれません。
5. 最新のカタログと価格表を送っていただけませんでしょうか？

弊社の住所
東京都渋谷区青山町3−2−1
サンシャイン株式会社
販売部　今川卓美
電話＋81-3-8965-2345
Fax＋81-3-5443-2346
http:// www.sunshine.co

ビジネスライティング説得力 UP 講座

【ポイント1　明快度 UP】
read、saw、found の動詞を使って情報の入手方法を知らせて、興味があることを述べましょう。

【ポイント2　信頼度 UP】
We are a ～. で自社を紹介します。住所とホームページのアドレスも最後に記しましょう。

【ポイント3　明快度 UP】
資料請求は、Could you please ＋動詞の原形で、シンプルにリクエストするのがいいでしょう。

ライティング力 UP 講座　Let's write English!　（　）内の単語を使いましょう。

1. 御社の製品 X を The Fashion の 5 月号で見ました。
   （in the May issue of ＋雑誌名）

2. 御社の製品 Y をホームページで見つけました。（on your website）

3. 御社の新製品 Z の実演を、4 月 5 日のロンドン展示会で拝見しました。
   （demonstrated）

4. 御社のお名前は、当社の取引先である大阪の XYZ 社から伺いました。
   （We were given / business associate）

5. 知人から紹介された製品 X についてお問い合わせさせていただいています。
   （inquire about / recommended by / associate）

6. 御社の新製品 XYZ のシリーズに興味があります。
   （your new line of products, XYZ）

7. The Fashion の 5 月号で宣伝されていました製品 X に興味があります。
   （which was advertised）

8. 弊社は輸入家具の納入業者です。（supplier）

9. 当社のウェブサイトで、弊社についてお知りいただけます。
   （learn about us / at our company's website）

10. カタログを 5 部送ってくださいませんか？（Could you please / copy）

11. 製品 X の製品仕様について知りたいです。
    （We would like to 〜 / specifications of 〜）

12. 製品 X の見本品を送っていただければ、とてもうれしく思います。
    (We would appreciate it if you could ~)

13. 大量注文の価格表を送ってくださいませんか？（bulk orders）

14. 数量割引があるかどうかを知りたいです。（volume discount）

15. 最低注文数について教えてくださいませんか？
    (let us know / minimum order quantity)

よく使う表現　模範解答

1. We saw your Product X **in the May issue of** The Fashion.

2. We found your Product Y **on your website**.

3. We saw your new Product Z **demonstrated** at the London Trade Fair on April 5.

4. **We were given** your name by our **business associate**, XYZ Inc., in Osaka, Japan.

5. I am writing to **inquire about** Product X, which was **recommended by** an **associate**.

6. We are interested in **your new line of products, XYZ**.

7. We are interested in your Product X, **which was advertised** in the May issue of The Fashion.

8. We are a **supplier** of imported furniture.

9. You can **learn about us at our company's website**.

10. **Could you please** send us five **copies** of your catalogue?

11. **We would like to** know the **specifications of** Product X.

12. **We would appreciate it if you could** send us a sample of Product X.

13. Could you please send us the price list for **bulk orders**?

14. We would like to know if you have a **volume discount**.

15. Could you please **let us know** the **minimum order quantity**?

> 模範解答の講座

先生：資料請求の学習をしましたので、依頼の決まり表現 Could you please ～? と We would like to know ～. We would appreciate it if you could ～. を身に付けましょう。

生徒：模範解答12の We would appreciate it if you could send us a sample of Product X. の文ではサンプルの送付依頼なので、さらに丁寧表現が使われているのですか？

先生：はい！ その通りです。

生徒：Could you please ～? は模範解答10．13．15．で練習できましたので身に付きました。模範解答10の「カタログ5部」の five copies of your catalogue は、カタログを「コピーしたカタログ5部」と思っていたのですが。

先生：本やカタログなどの copy は「部数」を示す時にも使うことをしっかり覚えましょう。

生徒：We would like to know ～は模範解答11で練習し定着してきたと思います。

先生：模範解答14の We would like to know if ＋～（主語＋動詞）（～かどうかを知りたいです）もしっかり定着させましょう。

生徒：はい！ 決まり表現をきっちり覚えることが大切なのですね！ Chapter

1-6で学んだ I am writing to 〜. を使って模範解答5の I am writing to inquire about Product X, which was recommended by an associate. のフレーズも作れました。

ところで質問ですが、この場合も which 以下が受け身になっています。（　）にある単語を使ったのですが模範解答4も受け身なのですね。英文では受動態よりも能動態の方を使うべきだと学んだことがあります。

先生：能動態と受動態を使い分けられるようになりましょう。

それでは、次の文を比べてみましょう。

① We were given your name by our business associate, XYZ Inc., in Osaka, Japan.
② Your name was given to us by our business associate, XYZ Inc., in Osaka, Japan.
③ Our business associate XYZ Inc. in Osaka, Japan, gave us your name.

能動態にした③の文では Our business associate XYZ、つまり二義的なことが前に出てしまっていますし、主語が長いです。主語は長くならないようにすることが大切です。

生徒：なるほど。主語はシンプルな方がいいのですね。

先生：その通りです。

生徒：下記の文はどちらを使うべきですか？

① Product X was recommended by our business associate.
② Our business associate recommended Product X.

製品 X を強調したいのなら①の文、Our business associate を強調したいのなら②の文です。

ところで、模範解答9 You can learn about us at our company's website の learn about は「〜について学ぶ」を意味すると思うのですが、会社についてですから learn about より know でいいのではないでしょうか？

先生：You can know 〜は不自然なので使わないようにしましょう。

Chapter 3-2
資料請求への返答

> これを押えるのが決め手！

①問い合わせの感謝を述べる→②リクエスト資料送付を告げる→③質問歓迎の旨を述べる→④連絡を待つ

Subject : RE: Inquiry regarding a product

Dear Mr. Imagawa:

1. Thank you for your inquiry dated May 1 about our line of Fashionable Super Light Rain Coats.
2. This new line is very popular and sells very well and we receive catalogue requests from other countries, too.

3. We are pleased to send you our latest catalogue and price list.
4. I have attached them as a PDF file.
5. We will mail you our catalogue, price list and a sample of a Fashionable Super Light Rain Coat under separate cover this afternoon.
6. They should arrive at your company in about a week.

7. If you have any further questions, please feel free to contact us.
8. We are looking forward to your response.

Sincerely,

Mary Thompson

> 日本語訳

> 件名： RE：商品の問い合わせ
> 1. 5月1日付で Fashionable Super Light Rain Coats シリーズについてお問い合わせいただきまして、ありがとうございます。
> 2. このシリーズはとても人気がありよく売れておりまして、他の国からもカタログのリクエストをよく受けます。
> 3. 喜んで最新カタログと価格表を送付させていただきます。
> 4. PDF ファイルで添付させていただいております。
> 5. 別便でも弊社カタログと価格表と Fashionable Super Light Rain Coat の見本品を、本日の午後、郵送させていただきます。
> 6. 約1週間後に、御社に到着する予定です。
> 7. さらに質問がございましたら、遠慮なくご連絡ください。
> 8. ご連絡をお待ちしております。

ビジネスライティング説得力UP講座

先生：製品問い合わせは顧客に興味を持ってもらえたのですから、新規受注獲得のチャンスです。

【ポイント1　信頼度UP】
Thank you for your inquiry dated（または of）＋日付＋商品名を書きましょう。日付を書くことで几帳面である信頼感、そして漠然と products と書くより商品名を書くことで商品を印象づけます。

【ポイント2　信頼度UP】
依頼されていた資料などを送る場合は We are pleased to 〜. と書くことで、良い印象を与えることができます。

【ポイント3　説得力UP】
リクエストされたカタログや価格表のファイルを添付するだけでなく、さらに見本品がリクエストされていない場合も under separate cover「別便で」、mail「郵送する」ことで、さらに商品をアピールできます。

ライティング力 UP 講座　Let's write English! （　）内の単語を使いましょう。

1. 弊社の商品に興味を持ってくださり、ありがとうございます。
   (your interest in our products)

2. 御社が弊社の商品に関心を持ってくださったことを知り、大変うれしく思います。(be pleased to ～)

3. カタログを PDF 形式で提供させていただきます。
   (provide / in PDF format)

4. ご依頼のカタログと価格表を郵送させていただきました。(As requested)

5. 最新版のカタログとともに製品 A のお試しバージョンも別便で郵送させていただきました。(mail / trial version of ～ / under separate cover)

6. 弊社の全商品についての情報を含む CD-ROM も同封してあります。
   (enclosed / information on the full range of products)

7. 大量注文の価格表も添付させていただいています。(bulk orders)

8. 数量割引の価格表も同封させていただいております。(volume discounts)

9. 詳細はカタログ 2～10 ページでご覧になれます。
   (find details on pages ～ － ～)

10. ご注文は最低 30 キットからです（お願いします）。
    (minimum purchase order of ～)

11. 最低 20 個入り 1 箱からのご注文をしていただければ幸いです。
    (one carton containing ～ units)

12. 最新カタログがもうすぐ完成しますので、お手元に届くまであと2週間お待ちいただけますか？（latest catalogue / could we ask you to ～ / another two weeks / before it reaches you）

13. 現在、英語版のカタログを準備中ですので2週間お待ちください。（is being prepared）

14. 製品Aの実物説明会をお望みなら、ご都合のよろしい時に手配させていただきます。（If you would like / make arrangements）

よく使う表現　模範解答

1. Thank you for **your interest in our products**.

2. We **are pleased to** know that you are interested in our products.

3. We **provide** our catalogue **in PDF format**.

4. **As requested**, we have mailed you our catalogue and price list.

5. We have **mailed** the latest catalogue together with the **trial version of** Product A to your company **under separate cover**.

6. We have **enclosed** a CD-ROM giving **information on the full range of products**.

7. We have also attached the price list for **bulk orders**.

8. We have also enclosed the price list for **volume discounts**.

9. You will **find details on pages** 2-10 of the brochure.

10. We have a **minimum purchase order of** 30 kits.

11. We would appreciate it if you could place a minimum order of **one carton containing** 20 **units**.

12. Since our **latest catalogue** will be completed soon, **could we ask you to** wait for **another two weeks before it reaches you**?

13. The English version of our product brochure **is being prepared** right now, so could you please wait for two weeks?

14. **If you would like** a demonstration of our Product A, we would be pleased to **make arrangements** at your convenience.

模範解答の講座

生徒：模範解答5の under separate cover が「別便で」と初めて知りました。trial version of Product A がありますが、具体例を教えてください。trial version「お試し版」と sample「見本」の意味の違いは？

先生：例を挙げて説明しましょう。

　　　「服地の見本」：a sample of dress material
　　　「ゲームソフトのお試し版」： trial version of some game software

生徒：よくわかりました。顧客からリクエストされている・いないにかかわらず、サンプルを送付するのは効果的ですね。

先生：会社の方針で送付できない場合もあります。また、be discontinued「製造中止」で送付できない場合もあります。その他、技術資料をリクエストされてもお断りしなければならない場合があります。Chapter 3-5で学びましょう。カタログが在庫切れの場合も、いつ頃送付できるか丁寧に書きましょう。模範解答12の文 Since our latest catalogue will be completed soon, could we ask you to wait for another two weeks before it reaches you? の soon（もうすぐ）を immediately（直ちに）と誤用する人がいるので気をつけましょう。

生徒：はい。この場合は2週間後なので immediately を使うと変なことがわかります。模範解答12の文について質問があります。

　　　Since our latest catalogue will be completed soon（最新カタログ

が、もうすぐ完成しますので）は未来形ですね。これはわかります。
ですが、**could we ask you to wait for another two weeks before it reaches you?** の（お手元に届くまで、あと２週間お待ちいただけますか？）の before it reaches you（**あなたのところに着くまで**）がわかりにくいです。届くのは未来のことなのに、なぜ現在形なのですか？

先生：未来のことでも副詞節では現在形を使います。before it reaches you（お手元に届くまで）は副詞節なのです。

下記の接続詞の次に続く時や条件を表す 副詞節では未来形→現在形 になることを、しっかり覚えましょう。

---

if（〜したら）/ unless（〜しないなら）/ when（〜したら）/ as soon as（〜するとすぐに）/ once（〜したら）/ until（〜するまで）/ after（〜した後で）/ before（〜する前に）

生徒：なるほどわかりました。ところで、模範解答13の The English version of our product brochure is being prepared right now,（現在英語版のカタログを準備中ですので、２週間お待ちください）は、受け身ですね。なぜ is と prepared の間に being があるのですか？

先生： 能動態と受動態 進行形の受け身だからです。

進行形の受け身　主語＋be 動詞＋being ＋過去分詞です。

生徒：なるほど。資料請求してくる顧客など**「見込み客」**のことを英語で何と言いますか？

先生：それでは、顧客についての単語をまとめてみましょう。

購買してくれそうな客	prospective customer / potential customer
既存客	existing customer
固定客	established customer
お得意様	preferred customer

先生：カタログ請求をしてくるお客様は、何と言いますか？

生徒：prospective customer、potential customer など、いろんな言い方があるのですね。

３・資料請求から交渉

Chapter 3-3
資料を受領する

> これを押えるのが決め手！

①お礼を述べ受領を告げる→②検討する旨を述べる→③迅速なる対応のお礼を述べる

Subject：Receipt of catalogue, price list and sample

Dear Mr. Wilson:

1. Thank you for sending us your latest product catalogue, price list and the sample of Product X.
2. We received them today.

3. I was impressed by the high quality of Product X.
4. I will show them to our purchasing manager this afternoon.
5. After we review them, we will get back to you.

6. I appreciate your quick response.

Sincerely,

Tomoko Yasuda

日本語訳

件名： カタログ、価格表とサンプル受領

1. 最新の製品カタログ、価格表と製品Xのサンプルをご送付くださり、ありがとうございます。
2. 本日、受領いたしました。
3. 製品Xの品質の良さに感動しております。
4. 本日午後に購買マネージャーに見せることになっています。
5. 検討いたしまして、ご連絡させていただきます。
6. 迅速なご対応に感謝いたします。

ビジネスライティング説得力UP講座

先生：依頼していた資料が到着した時に確認して受領のメールを入れましょう。常識なのですが、それができない人が多いので気をつけましょう。

【ポイント1　信頼度UP】
Thank you for sending us ～. の～に受領した資料などを入れ、お礼を述べます。

【ポイント2　明快度UP】
After we review ～. で、検討してから連絡することを述べます。get back to you は「連絡する」の総括的な表現です。

【ポイント3　丁寧度UP】
I appreciate your quick response. で再度、迅速な対応に感謝します。I appreciate ～. はすでにしてもらったことに対する表現です。I would appreciate ～. はこれからしてもらうことに対する表現です。

ライティング力UP講座　Let's write English!　（　）内の単語を使いましょう。

1. 御社の最新の製品カタログと価格表のPDFは購買マネージャーにも転送いたしました。（forward / PDF file of ～）

2．製品Aのサンプルと大量注文の価格表をお送りくださり、ありがとうございます。（price list for bulk orders）

3．検討させていただきましてから、Eメールでご連絡差し上げたいと思います。（review）

> よく使う表現　模範解答

1．I have **forwarded** the **PDF file of** your latest product catalogue and price list to our purchasing manager.

2．Thank you very much for sending us a sample of Product A and the **price list for bulk orders**.

3．After **reviewing** them, I will contact you by e-mail.

> 模範解答の講座

先生：模範解答1ではforwardはカタログ・価格表・サンプルを責任者に「転送する」の意味で使われています。forwarded the PDF file of ～のforwardは、「転送する」を意味しますがforward a shipping document「船積書類を送る」など「送る」の意味も持ちます。
　　　forward a letter「手紙を転送する」、forward a parcel「小包を転送する」なども覚えましょう。

生徒：forward a callは「電話を転送する」ですね。

先生：はい、そうです！

Chapter 3-4
資料を送付したが連絡がない場合

> これを押えるのが決め手!
>
> ①資料が到着したか否かの確認をする→②商品の品質の良さと人気度をアピール→③商品の感想を求め、質問に答える旨を告げる→④他の商品もアピール→⑤返答を待つ旨を伝える

3・資料請求から交渉

Subject: Brochure, price list, Product X

Dear Mr. Turner:

1. We would like to confirm you have received our latest brochure, price list, and the sample of Product X which we sent to you on May 5.

2. The demand for Product X has been high because it is fashionable, light, and durable.
3. We would appreciate it if you could give us feedback on our sample of Product X.
4. We are happy to answer your questions and take your specific requirements into consideration.

5. Please also check our Product Z on page 45.
6. We look forward to receiving your order.

Sincerely,

Shigeru Asano

> 日本語訳

件名： カタログ、価格リスト、製品 X
1．5月5日に送付いたしました最新版のカタログ、価格表と商品サンプルを受領されたかどうかを、確認させていただきたいと思います。
2．製品 X はファッショナブルで、軽く、耐久性に優れているので、需要が高いです。
3．弊社の製品 X のサンプルのご感想をいただければ幸いです。
4．質問がございましたら喜んでお答えしますし、御社のご要望を考慮に入れさせていただきたいと思います。
5．45ページに掲載されております製品 Z もご検討くださいませ。
6．ご注文をお待ちしております。

> ビジネスライティング説得力 UP 講座

先生：資料を送付したのに受領の返事がない場合も必ず、着いたかどうかの確認メールを入れて次の仕事につなげるようにしましょう。フォローアップはビジネスの基本です。

【ポイント1　明快度 UP】
We would like to confirm you have received 〜. で受領したかどうかの確認をしましょう。

【ポイント2　説得力 UP】
送付したサンプル製品 X の需要が高い（The demand for Product X has been high）ことを、because it is 〜の〜に理由を入れて強調します。

【ポイント3　明快度 UP】
サンプルを送付したので、We would appreciate it if you could give us feedback on ＋商品名. で送ったサンプルの感想を聞くことによって、送り先に商品に目を向けさせることになります。また、相手が注文しない商品であっても、ネガティブな感想でも今後の商品改良の参考になります。

【ポイント4　説得力 UP】
We are happy to answer your questions. で、何でも質問に答える姿勢を

示します、take your specific requirements into consideration（御社の要望を考慮に入れる）で、お客様の要望を大切にする姿勢を見せます。

ライティング力 UP 講座　Let's write English!　（　）内の単語を使いましょう。

1. 6月5日に送付いたしました製品Xのサンプルが届いているかどうか、の確認をさせていただきたいと思います。（We would like to confirm whether）

2. 6月5日に送付いたしました製品Xのサンプルをお受け取りになられましたでしょうか？（We are wondering if ～）

3. 添付しております製品Xについて、アンケートにご記入いただければ幸いです。（We would appreciate it if you could ～）

4. 製品Xは品質の良さで評判がいいです。（has a good reputation for ～）

5. 他のどのような情報が必要かをお知らせください。
（what other information you may need）

よく使う表現　模範解答

1. **We would like to confirm whether** you have received the sample of Product X, which we sent you on June 5.

2. **We are wondering if** you have received the sample of our Product X which we sent you on June 5.

3. **We would appreciate it if you could** fill out the attached questionnaire on Product X.

4. Product X **has a good reputation for** its high quality.

5. Please let me know **what other information you may need**.

> 模範解答の講座

生徒：資料送付後の確認は大切だとわかりました。カタログ到着の確認ですが Have you received the sample of Product X 〜？でもよろしいですか？

先生：間違いではないですが、1. We would like to confirm whether you have received 〜. と2. We are wondering if you have 〜. の方が丁寧なので、使えるようになりましょう。

Chapter 3-5
問い合わせ（資料請求・質問）に応じられない場合

> これを押さえるのが決め手！
>
> ①製品問い合わせへのお礼→②問い合わせに応じられない理由を述べる→③謝罪し商品に興味を持ってくれたことに対するお礼を述べる

Subject: RE: Request for information

Dear Mr. Houston:

1. I am writing in answer to your request dated June 10.

2. We are pleased to know that you are interested in our products.

3. However, I am afraid that we will not be able to give you any of the data or information you requested.

4. There is a company regulation forbidding disclosure of any data or information about manufacturing processes to outside institutions or individuals.

5. We are sorry that we are unable to help you in this matter.
6. Thank you for your interest in our company.

Sincerely,

Yayoi Ikeda

> **日本語訳**
>
> 件名： RE：情報のリクエスト
>
> 1．6月10日付のリクエストに対するお返事です。
> 2．弊社の製品に興味をお持ちいただき、うれしく思います。
> 3．しかしながら、ご依頼のデータや情報をご提供させていただけません。
> 4．製造過程におけるいかなるデータや情報も外部機関もしくは個人に開示してはいけない、との弊社の規則があります。
> 5．この件に関しましてお力になれず、申し訳ございません。
> 6．弊社に興味をお持ちいただき、ありがとうございます。

ビジネスライティング説得力 UP 講座

先生：製造過程における技術情報などは外部に開示できないことが多いです。サンプルを送付できない理由や、自分の担当でないので担当者に回す時の表現なども学びましょう。

【ポイント1　明快度UP】

I am writing in answer to your request dated June 10. と日付を入れていつ受領したメールの返事なのかを明らかにします。

【ポイント2　説得力UP】

断る場合も相手が製品に興味を持ってくれたことに感謝の意を示しつつ、However 〜. で断り、理由を述べます。There is a strict company policy 〜. と続けることが大きな説得力になります。

【ポイント3　丁寧度UP】

We are sorry that 〜. で情報やサンプルなどを提供できないお詫び、そして、Thank you for your interest in our company. で、会社に興味を持ってもらったことに対するお礼を述べましょう。

ライティング力 UP 講座　Let's write English!　（　）内の単語を使いましょう。

1. 申し訳ございませんが、無料サンプルをご提供することはできません。
   （provide you with ＋ 物）

2. あいにく無料サンプルの配布サービスを中止しております。
   （discontinue the service of ～）

3. あいにく製品 A は製造中止になっておりますので、サンプルは入手不能です。（discontinue production）

4. 技術情報を開示できないことを謝罪させていただきます。
   （disclose technical information）

5. あなたのご質問は生産部の田中氏に回しておきましたので、彼から連絡させていただきます。（be forwarded）

6. 将来、ご協力させていただきますことを希望いたします。
   （cooperate with you）

よく使う表現　模範解答

1. We are sorry, but we are unable to **provide you with** free samples.

2. I am afraid that we are **discontinuing the service of** offering free samples.

3. I am afraid that samples of Product A are not available, because we have **discontinued production**.

4. We apologize for being unable to **disclose technical information**.

5. Your request **has been forwarded** to Mr. Tanaka, who is in charge

of the production department. He will contact you soon.

6. We hope we will be able to **cooperate with you** in the future.

> 模範解答の講座

先生：断る場合は必ず We are sorry, but 〜. か I am afraid that 〜. を付けましょう。

生徒：模範解答2のように「サービスを中止する」は discontinue を使うのですね。

先生：「製造中止の製品」は discontinued products です。「開示する」は disclose です。

discontinued product のサンプルは提供できません。テクニカルな情報は disclose できません。模範解答を見なくてもスラスラ書けるようになりましょう。

Chapter 3-6
見積書を依頼する

> これを押えるのが決め手！

展示会で商品を見て説明を受け、その後、見積もりを依頼する
①自己紹介→②商品の見積もり依頼→③見積もり希望商品の明細→④詳細な条件について尋ねる

Subject: Request for quotation

Dear Mr. Richardson,

1. I am Kenta Nakamura, the purchase manager for Lovely Pet House, which is one of the biggest pet shops in Japan.
2. I saw your products at the International Trade Show for Dog Lovers.
3. I hope you remember me. We exchanged business cards at the trade show.
4. I received your company's product catalogues there.
5. We are considering purchasing some of your products.
6. Could you please give us your quotation for the following items?

---
① Item: No. 123 Pretty Plastic Dog Carrier
② Quantity: 100 units
③ Price Terms: FOB   Felixstowe, UK
④ Currency: GBP
⑤ Requested delivery date: March 25

---

7. Please inform us of your terms of payment.
8. We would also like to know about volume discounts and trade discounts.
9. We need to receive your quotation by February 2, because we would like to decide on February 10 whether we should make the purchase.

Regards,

Kenta Nakamura

> 日本語訳

件名： 見積もりのお願い

1. 日本で大規模なペットショップの1つのLovely Pet Houseの購買部マネージャー・中村健太です。
2. 御社の製品をInternational Trade Show for Dog Loversで拝見いたしました。
3. 覚えてくださっていればと思います。展示会場で名刺交換をさせていただきました。
4. 御社のカタログをいただきました。
5. 御社の製品の購入を検討しております。
6. 下記商品の見積もりをお願いできませんでしょうか？

① 品目：	No. 123　Pretty Plastic Dog Carrier
② 数量：	100個
③ 価格条件：	FOB　Felixstowe、UK
④ 通貨：	英国ポンド
⑤ 希望納入日：	3月25日

7. 支払条件をご提示ください。
8. 大量割引と業者間割引についても知りたいです。
9. 2月10日に購入するか否かを決定するので、2月2日までに見積もりが必要です。

> ビジネスライティング説得力UP講座

先生：上記のEメールでは見積もり依頼者が、すでに展示会で業者と名刺交換し、カタログも入手しています。その上で見積もり書依頼をしています。初めての取引では自社を簡単に説明します。通常、取引関係ができている場合は5、6、7、9のフレーズを使いましょう

【ポイント1　信頼度UP】
自己紹介し、展示会でカタログを受け取った場合は、その旨をはっきりと書きましょう。

【ポイント2　明快度 UP】
1．品目（Item）、2．数量（Quantity）、3．価格条件（Price terms）、4．希望納入日（Requested delivery date）について、はっきり書きましょう。

【ポイント3　明快度 UP】
1．支払条件（payment terms）　2．大量割引（volume discount）と業者間割引（trade discount）についての情報を、見積もり依頼前に問い合わせます。

ライティング力 UP 講座　Let's write English!　（　）内の単語を使いましょう。

1．見積もりをいただきたく、ご連絡を差し上げています。
　（request a quotation）

2．次の品目の見積もりをいただきたいのです。（following item）

3．

品目：	No. 456 New Century Digital Camera
数量：	500個
価格条件：	運賃保険料込条件（CIF）Yokohama（船便で）
通貨：	英国ポンド
希望納入日：3月末	

4．品番50、50個の価格を見積もってくださいませんでしょうか？
　（quote us a price for＋商品台数）

5．品番50、50個の価格を見積もってくださいませんでしょうか？
　（give us a quotation for）

6．品番50、50個につきましてFOB Felixstoweの価格を見積もってくださいませんでしょうか？

7．支払条件について、お知らせくださいませんでしょうか？（payment terms）

8. 納期と支払条件について、お知らせくださいませんでしょうか？
   （delivery date）

9. 大口割引について、お知らせくださいませんでしょうか？
   （volume discounts）

10. 業者間割引について、お知らせくださいませんでしょうか？
    （trade discounts）

よく使う表現　模範解答

1. I am writing to **request a quotation**.

2. We would like your quotation on the **following item**.

3.

Item:	No. 456 New Century Digital Camera
Quantity:	500
Price Terms:	CIF Yokohama（by sea）
Currency:	GBD
Requested delivery date:	End of March

4. Could you please **quote us a price for** 50 units of Item No. 50?

5. Could you please **give us a quotation for** 50 units of Item No. 50?

6. Could you please quote us the FOB Felixstowe price for 50 units of Item No. 50?

7. Could you please let us know about the **payment terms**?

8. Could you please let us know the **delivery date** and payment

terms?

9. Could you please let us know about **volume discounts**?

10. Could you please inform us of any **trade discounts**?

模範解答の講座

先生：見積もり依頼の方法は理解できましたか？ 最初に quotation と estimate の違いについて説明しましょう。

> quotation（動詞は quote）：通常定価のある見積もりに使います。
> estimate（動詞も estimate）：積算しかわからない概算見積もりに使います。具体的には、建築とか特別注文の場合に使います。

　　また estimate for ＋ 個数、quotation for ＋ 個数もしっかり覚えましょう。見積もりの対象なので前置詞は for です。of を使う場合は estimate ＋ of ＋ 金額、quotation ＋ of ＋ 金額なので混同しないように。
　　国際取引では「商品引き渡し」を輸出地の荷積時にする場合と輸入地の荷揚げ時にする場合で価格が異なります。

生徒：輸出地での価格か、輸入地での価格かで異なるのですね。

先生：FOB ＝ Free on Board（本船渡し条件）と CIF ＝ Cost, Insurance and Freight（運賃保険料込条件）について説明しましょう。

> FOB ＝ Free on Board（本船渡し条件）
> 商品の引き渡しは輸出地での積荷時です。積荷以降の運賃と保険は買い手が支払います。
> 例えば、あなたの会社がイングランドの港 Felixstowe から商品を輸入したとしましょう。FOB Felixstowe は引き渡しは Felixstowe です。積荷時点からの運賃と保険料金はあなたの会社、つまり買い手が支払います。

CIF = Cost, Insurance and Freight（運賃保険料込条件）
商品の引き渡しは到着地での荷揚げ時です。例えば、日本にあるあなたの会社が Felixstowe から商品を輸入したとしましょう。CIF Yokohama は引き渡しは横浜です。
荷揚げされるまでの運賃と保険料は、相手の会社が支払います。

CFR、CNF または C&F = Cost and Freight
CIF から保険料を引いたもので保険料は買い手が支払います。

Chapter 3-7
見積書とその詳細条件

> これを押えるのが決め手！

①面識のある場合の挨拶→②見積書ファイル添付を伝える→③注文を待つ旨を伝える

Subject : Quotation for Item No. 123

Dear Mr. Nakamura,

1. I appreciate your e-mail of January 28 requesting a quotation for Item No. 123.
2. I remember you clearly, because we talked about dog care at the trade show.

3. We are happy to offer you a quotation.
4. We have attached our quotation as a PDF file.
5. We hope you will find our quotation satisfactory and look forward to receiving your order soon.
6. Should you have any questions, please let me know.

Sincerely,

Gerald Richardson

日本語訳

> **件名： 商品番号123の見積もり**
>
> 1. 1月28日付の製品番号123のEメールで見積もりのご依頼を、ありがとうございます。
> 2. 中村様のことをはっきり記憶しております。展示会で犬を大切にする方法について私たちは話し合ったからです。
> 3. 喜んでお見積もり書を提供させていただきます。
> 4. お見積書をPDFファイルで添付しております。
> 5. この見積もりに満足してくださり、ご注文いただけることをお待ちしております。
> 6. 質問がございましたら、どうぞお知らせください。

ビジネスライティング説得力UP講座

【ポイント1　丁寧度UP】

I appreciate your e-mail of January 28 requesting a quotation for Item No. 123. のようにEメールの日付と品番を書いて見積もり依頼のお礼を記します（件名に品番があるので書かなくてもOKですが、書く方が丁寧度が増します）。

【ポイント2　信頼度UP】

展示会（trade show）で面識があり、名刺交換などした場合は相手、つまり顧客のことを覚えることが大切で、I remember you clearly, because ～. の～に理由を書くと信頼感が深まります。

【ポイント3　明快度UP】

見積書の添付を記し、注文を待っている旨を記します。

ライティング力UP講座　Let's write English! 　（　）内の単語を使いましょう。

1～5はChapter 3-6の見積依頼に応えたイングランドの代理店の見積書です。6～7は米国の会社からドルで見積もりをリクエストされた場合の見積書の書

き方の練習、8～9は支払方法、10～11は支払いと発送、12～16は割引条件、17～20は見積もり条件です。

1．喜んで次のお見積書を提供させていただきます。

①	品目	No. 123　Pretty Plastic Dog Carrier
②	数量	100個
③	単価	27ポンド
④	合計金額	2700ポンド
⑤	価格条件	本船渡し FOB　Felixstowe, UK
⑥	配送	ご注文品は全額受領し次第、出荷いたします。

2．3月1日までに全額お振込みいただきましたら、3月25日までにお届けさせていただきます。

3．下記の大口割引をご提供させていただきます。

100個以上5％割引
150個以上8％割引
200個以上10％割引

4．このお見積もりは3月20日まで有効です。
5．弊社では業者間割引はご提供しておりません。

6．下記のようにお見積もりさせていただきます。（quote you as follows）
7．① 品目：No. 345 目覚まし時計
　② 数量：100個
　③ 単価：US$20
　④ 価格条件：本船渡し FOB 横浜
　⑤ 合計金額：$2,000
　⑥ 支払条件：信用状による
　⑦ 発送：信用状受領後10日以内

8．弊社は通常、信用状で取引をさせていただいております。

(on a letter of credit basis)

9. 当社は電信送信による前払いのみを受け付けております。
   (accept T/T remittance)

10. お支払いを受領してから3営業日以内に、ご注文の品を発送いたします。
    (within three business days)

11. 全額受領しましたら、ご注文の品を発送いたします。
    (Upon receipt of the total payment)

12. 3000ポンド以上のご注文の場合、10％の割引をさせていただきます。
    (offer a ～% discount ＋ on ～ / all orders of more than ＋ 金額)

13. 2000ドル以上のご注文は、10％割引をさせていただいております。
    (exceeding ＋ 金額)

14. 100個以上お買い求めの場合は、一律5％の割引をしております。
    (For a quantity of ～数 or more / offer a ～% discount / across the board)

15. 2000ドル以上のご注文の場合は、10％割引をさせていただいております。
    (discount orders exceeding ＋ 金額 ＋ by ～%)

16. 定期注文をしていただけるなら、7％の割引をさせていただきます。
    (be ready to / offer you / ～% discount / place regular orders)

17. 見積もりの有効期限は2015年2月28日です。(expire)

18. 価格はすべて本船渡しFOB横浜価格です。
    (be quoted on / FOB ＋ 場所 basis)

19. もし他の条件でお見積もりを希望されるなら、お知らせください。

（be quoted）

20. 当社の支払条件では10％の業者間割引があります。
　　（allow a ～ % trade discount）

よく使う表現　模範解答

1. We are pleased to offer you a quotation as follows:

① Item	No. 123　Pretty Plastic Dog Carrier
② Quantity	100 units
③ Unit Price	£27.00
④ Total amount	£2,700
⑤ Price terms	FOB　Felixstowe, UK
⑥ Shipment	We will ship your order upon receipt of your payment in full.

2. We assure you that we can deliver the products by March 25 if you pay in full by March 1.

3. We offer you the following volume discount.

5％ for more than 100 units
8％ for more than 150 units
10％ for more than 200 units

4. This quotation is valid until March 20.
5. We do not offer any trade discount.

6. We are happy to **quote you as follows**:

7. ① Item: No. 345 Alarm clock
　　② Quantity: 100
　　③ Unit Price: US$20

④ Total amount: $2,000
⑤ Price terms: FOB Yokohama
⑥ Payment terms: by L/C
⑦ Shipment: within 10 days of receipt of L/C

8. We usually do business **on a letter of credit basis**.

9. We only **accept T/T remittance** in advance.

10. We will ship your order **within three business days** of receiving your payment.

11. **Upon receipt of the total payment**, we will ship your order.

12. We **offer** a 10% **discount on all orders of more than** £3,000.

13. We offer a 10% discount on all orders **exceeding** $2,000.

14. **For a quantity of** 100 **or more**, we can **offer a 5% discount across the board**.

15. We **discount orders exceeding** $2,000 **by** 10%.

16. We **are ready to offer you** a **7% discount** if you **place regular orders**.

17. This quotation will **expire** on February 28, 2015.

18. All the prices **are quoted on** a **FOB** Yokohama **basis**.

19. If you would like prices to **be quoted** in a different way, please let me know.

20．Our terms of payment **allow a** 10％ **trade discount**.

> 模範解答の講座

生徒：模範解答8の信用状（letter of credit）についてわからないのですが。
先生：それでは 信用状 について説明しましょう。通常 L/C と言ったり書くことが多いです。買い手が海外のお客様で信用できる紹介者がいない場合は、商品納入後に代金回収ができるかどうか不安ですね。
生徒：そうですね。自分自身が買い手の場合で前払い入金を依頼された場合も、商品が届くか不安な時があります。
先生：その不安を取り除くために、代わりに銀行に支払いを保証してもらうのです。
買い手の会社は代金を銀行にいったん預けます。
そして「信用状」という書類を発行してもらいます。
生徒：安全性が高い決済方法ですね！
ところで模範解答7は日本にある会社がアメリカの会社に本船渡し通貨はドルで FOB 横浜港にて商品を輸出する場合の見積書の練習ですね。
先生：そうです。模範解答18も日本にある会社が本船渡し FOB 横浜港より海外の会社へ輸出する場合に使えるフレーズです。

Chapter 3-8
値引き交渉1（値引きを依頼する）

> これを押えるのが決め手！

①見積もりを感謝→②値下げしてほしい理由を示す→③値下げの検討を依頼する

Subject： RE： Request for discount

Dear Mr. Richardson,

1. Thank you for your quotation of May 11.

2. Your quotation was higher than we had expected.
3. We have carefully examined your quotation regarding Item No. 123 and concluded that your prices are not competitive in our market.
4. Your competitors have offered us a better price on similar products.

5. We would appreciate it if you could reduce the price by 10%.
6. If you agree to this discount, we would like to place an order.
7. We look forward to your favorable reply.

Sincerely,

Kenta Nakamura

日本語訳

件名： RE：割引依頼

1. 5月11日のお見積もりを、ありがとうございます。
2. お見積もり価格は、予想していたよりも高かったです。
3. 御社の商品番号123のお見積もりを慎重に検討いたしましたところ、私どもの市場では競争力がないとの結論に達しました。
4. 御社の競合会社は、同様の商品にさらに良い価格を提示してくれています。
5. 10％割り引いていただければ大変うれしいのですが。
6. この割引を受けてくださるなら、注文させていただきたいと思います。
7. よい返事をお待ちしております。

ビジネスライティング説得力UP講座

【ポイント1　説得力UP】
見積もり書を受領したが予想していたより価格が高いので国内市場で競争力がない（not competitive）ことを伝える。

【ポイント2　説得力UP】
競争力のないことの具体例として競合会社（competitors）が良い価格（better price）を提示している（offer）ことを伝える。

【ポイント3　説得力UP】
We would appreciate it if you could offer a ～％ discount on this item. など、丁寧なフレーズを使って割引を具体的にお願いする。

ライティング力UP講座　Let's write English!　（　）内の単語を使いましょう。

1～3までは（reduce the price of ＋ 商品名 ＋ to 価格 / purchase）の練習をしましょう。

1. 製品Xの1個の価格を20ポンドに下げてくださればは、120個購入いたします。（will purchase / reduce the price of ～ to ～）

2. 製品Aの価格を20ポンドに下げてくだされば、10個購入させていただくのですが。（would / could）

3. 製品Aの価格を20ポンドに下げていただければと思います。
（We would appreciate it if you could ～）

4. 10％割り引いてくだされば注文いたします。（reduce the price by ～%）

5. 10％割り引いてくだされば注文いたします。
（give us a price reduction of ～%）

よく使う表現　模範解答

1. We **will purchase** 120 items if you **reduce the price of** Product X **to** £20.

2. We **would** purchase 10 items if you **could** reduce the price of Product A to £20.

3. **We would appreciate it if you could** reduce the price to £20.

4. We will place an order if you **reduce the price by** 10％.

5. We will place an order if you **give us a price reduction of** 10％.

模範解答の講座

先生：reduce the price to ～（価格を～まで値下げする）、reduce the price by ～%、（価格を～％割り引く）の決まり表現をしっかり身に付けましょう。

生徒：模範解答ではwillとwouldの両方が使われていますが、違いは何ですか？

先生：wouldの方が丁寧です。

Chapter 3-9
値引き交渉に応じる

> これを押さえるのが決め手！
>
> ①値引き要求に遺憾の意を示す→②商品の品質の良さを強調する→③値引きに応じる理由を示す→④注文を待つ

Subject : RE: Request for discount

Dear Mr. Nakamura,

1. We have received your e-mail requesting a 10% discount on Item No. 123.

2. We are sorry to learn that our quotation was not satisfactory to you.
3. We believe our quoted price is competitive, because the quality of our products is far superior to that of our competitors'.

4. However, we are considering expanding into Japan, so we have decided to accept your request.
5. We are pleased to inform you that we are able to offer you a 10% discount on Item No. 123 for this time only.

6. We are looking forward to receiving your first order.

Sincerely,

Gerald Richardson

> **日本語訳**

> 件名： RE：割引依頼
> 1．商品 No. 123 に 10％ 割引をご要望の E メールを受領いたしました。
> 2．弊社の見積もり価格に満足いただけず残念に思います。
> 3．弊社の製品は他社に比べてはるかに品質が優れているので、見積もり価格は競争力のあるものだと信じております。
> 4．しかしながら、日本に業務拡大することを考慮に入れまして、リクエストに応じさせていただくことに決定いたしました。
> 5．商品番号 123 を今回に限り 10％ の割引のお見積もりをさせていただくことをご報告できて、うれしく思います。
> 6．最初のご注文をお待ちしております。

ビジネスライティング説得力 UP 講座

先生：相手先から競合相手の価格に負けていると指摘されて、市場調査の結果とか、現在の市況を考慮し、(considering market conditions) など価格の理由で引き下げに応じると返答していたのでは、全く説得力がありません。

【ポイント1　明快度 UP】
値引きリクエストのメールを受領した旨を告げ、相手先が満足してないことが残念であることを述べます。

【ポイント2　説得力 UP】
見積もり価格（quoted price）は商品の品質が優れているので競争力がある（competitive）ことを説明します。

【ポイント3　説得力 UP】
見積もり価格の値下げリクエストに応じる理由、例えば販路拡大、〜国に進出するため（to expand 〜）や、長年の取引関係などを記します。

【ポイント4　丁寧度 UP】
値下げ率の確認をし、初回の注文を待つ（We are looking forward to receiving one's first order）旨を書きます。

ライティング力 UP 講座　Let's write English!　（　）内の単語を使いましょう。

1. 弊社は御社を重要なお客様と考えております。（greatly value you）

2. 長年の御社との関係を考慮し、10％割引させていただくことに決定しました。（grant you a 〜% discount）

3. この特別な10％割引は今回のみに限定させていただきますことを、ご理解ください。（for this order only）

4. あと20個注文いただきましたら10％割引いたします。
　（place an additional order for 数字）

5. 合計523ポンドになりますが、端数を切り捨てて500ポンドになります。
　（come to / round it off to）

よく使う表現　模範解答

1. We **greatly value you** as a customer.

2. Considering our long relationship with you, we have decided to **grant you a** 10％ **discount**.

3. Please understand that this special 10％ discount is **for this order only**.

4. If you **place an additional order for** 20 units, we will offer you a 10％ discount.

5. That **comes to** £523, but we will **round it off to** £500.

模範解答の講座

先生：「端数を切り捨て〜金額にする」は round it off to 〜であることを、しっかり覚えましょう。

Chapter 3-10
値引きを断る

> これを押えるのが決め手！

①値引きを断る→②理由を示す→③理解を求める→④注文を待つ

Subject : RE: Request for discount

Dear Mr Nakamura,

1. We have received your counter-offer requesting a 10% discount on Item No. 123.
2. We have considered your request, but we are not able to accept your counter-offer.

3. According to your e-mail, our competitors have offered you a better price on similar products.
4. However, we believe that our prices are the most competitive in the market because of the outstanding quality of our products; in particular, their durability and light weight.

5. Thanks to their excellent quality, our products have the largest market share in England.
6. We believe our products will sell well in your country, too.

7. Your understanding would be very much appreciated.
8. We look forward to receiving your order.

Sincerely,
Gerald Richardson

> [!NOTE] 日本語訳

> **件名： RE：割引依頼**
> 1. 商品番号123の10％割引のカウンターオファーを受領いたしました。
> 2. 御社のリクエストについて考慮いたしましたが、カウンターオファーに応じることはできません。
> 3. 貴殿のEメールによりますと、弊社の競合相手が同様の商品でより良い価格で提供しているとのこと。
> 4. しかしながら、弊社の価格は卓越した製品品質のおかげ（特に耐久性、軽量性）で市場において最も競争力のあるものだと確信しております。
> 5. 弊社の商品は品質が優れているので、イングランドでは一番マーケットシェアが高いです。
> 6. 弊社の商品は貴殿の国でもよく売れると思います。
> 7. ご理解いただけますよう、お願い申し上げます。
> 8. ご注文をお待ちしております。

ビジネスライティング説得力 UP 講座

先生：値引きを断ることは、商談を逃してしまうことにもなりかねません。
自社製品の品質の良さを述べて、これからの商談につなぎましょう。

【ポイント1　丁寧度 UP】
リクエストを考慮したが（We have considered your request, but ～）応じられないことを記します。

【ポイント2　説得力 UP】
製品の長所を耐久性（durability）や軽量性（lightness）など具体的に記し、自社の製品価格は最も競争力がある（the most competitive）ことを強調します。

【ポイント3　説得力 UP】
一番高いマーケットシェア（the highest market share）を持つ実績を説明し、注文を促します。

ライティング力 UP 講座　Let's write English!　（　）内の単語を使いましょう。

1．遺憾ながら値引きすることはできません。
　（regret to say / make price reductions）

2．この見積もり価格では、最低の利益しかのせていません。
　（quoted price / leave us with）

3．弊社の商品は競合他社の商品よりも軽く、耐久性があり、スタイリッシュです。（more durable / competitors'）

よく使う表現　模範解答

1．We **regret to say** that it is not possible to **make price reductions**.

2．This **quoted price leaves us with** only a small margin.

3．Our products are lighter and **more durable** and stylish than our **competitors'**.

模範解答の講座

先生：Chapter 1-4でも I regret to tell you that I will 〜. を教えましたが、違いを覚えていますか？

生徒：regret to 〜はこれからの〜を遺憾ながらできません。
　　　regret 〜ing は〜したことを後悔しています。そうですね！

先生：ビジネスレター・Eメールやビジネスの場面で言いにくいことを述べる場合は、I regret to tell または I regret to say を使えるようになりましょう。

Chapter 3-11
担当者が不在で希望見積期日に間に合わない場合

> **これを押えるのが決め手！**
>
> （見積書の作成が遅れる場合）　①見積書依頼に感謝する→②希望期日に見積もれない理由を記す→③お詫びと結び

Subject: Estimate delay

Dear Mr. Mark Smith:

1. Thank you very much for your e-mail requesting an estimate on our Product A.

2. We are sorry, but we cannot submit an estimate on May 11, the date you requested.

3. Would it be possible to have about ten days to estimate the delivery date for Product A?

4. Kunio Sano, our engineer, has been on a business trip, and he will be back on May 17.

5. As soon as he comes back, he will start work on making the drawing.

6. In the meantime, we are going to negotiate the prices of the parts with our supplier so that we can offer you the best prices.

7. We apologize for the inconvenience this may cause you and thank you for your understanding.

Sincerely,
Osamu Suzuki

> 日本語訳

> **件名： 見積書の遅れ**
> 1．製品Aの見積もり依頼のEメールを、ありがとうございます。
> 2．申し訳ございませんが、ご希望の期日、5月11日に見積書を提出させていただくことはできません。
> 3．製品Aの納期算出に10日くらいかかってもよろしいでしょうか？
> 4．技術者の佐野国夫は出張中で、5月17日に戻ってまいります。
> 5．彼は戻り次第、図面の作成に取り組みます。
> 6．その間、御社に良い価格を提出させていただくために供給業者と部品の価格交渉をいたします。
> 7．この件でご迷惑をおかけいたしますことをお詫び申し上げますとともに、ご理解に感謝申し上げます。

ビジネスライティング説得力 UP 講座

先生：見積もりを依頼されたが、担当者が不在の場合があります。ここでは工場に特別な見積もりを依頼されたが、担当者が不在で部品の価格が確定しない場合の例を挙げています。

工場に見積もりを求める場合、図面を工場で作成する場合と、外注する場合の二通りがあります。外注先の設計事務所の対応が遅く見積もりが遅れる場合もあります。このフレーズはライティング力 UP 講座で学びましょう。

【ポイント1　明快度 UP】
見積もり提出希望期日に間に合わない場合は、いつなら見積もり提出ができるか、または猶予をいただくことが可能であるかを Would it be possible to have about ten days to estimate the delivery date for Product A? （納期の算出に10日くらいかかってもよろしいでしょうか？）と日数を入れて質問しましょう。

【ポイント2　信頼度 UP】
見積もり期日が間に合わない理由、（担当者が出張中、病気、図面が届かない、部品コストがわからない）など、はっきり書きましょう。

【ポイント3　説得力 UP】

見積もりが顧客の希望期日に間に合わないが、その間（In the meantime）一番良い価格（the best price）を提供する（offer）努力をしていることを伝えると良いでしょう。

ライティング力 UP 講座　Let's write English!　（　）内の単語を使いましょう。

1. 見積もり担当者がインフルエンザのため、5月16日まで病気休暇をとります。（person who is in charge of ～ / making the estimates / on sick leave）

2. 担当者は5月17日に仕事に復帰します。（be back at work）

3. ですから、今の時点では製品 A の納入日が算出できません。
（estimate the delivery date for ～）

4. 製品 A の納品日の算出をするのを、約1週間お待ちいただけませんか？
（Would it be possible to ～?）

5. まだ見積もりを算出するのに十分なデータが揃っていません。
（make an estimate）

6. 製造部が、まだデザイン事務所からの図面を待っています。
（the manufacturing department / drawing）

7. その間、一番良い価格を供給するために、供給業者数社の部品コストを比べます。（In the meantime / compare the prices of parts / offer you the best price）

よく使う表現　模範解答

1. The **person who is in charge of making the estimates** is **on sick leave** due to the flu until May 16th.

2. The person in charge will **be back at work** on May 17.

3. Therefore, we are unable to **estimate the delivery date for** Product A at the moment.

4. **Would it be possible to** have about a week to estimate the delivery date for Product A?

5. We still do not have enough data to **make an estimate**.

6. **The manufacturing department** has been waiting for the **drawing** from the design office.

7. **In the meantime**, we will **compare the prices of parts** from several suppliers in order to **offer you the best price**.

> 模範解答の講座

生徒：営業担当者が見積もりする場面しか知らなかったのですが、技術担当者が見積もりを担当する状況も理解できて、大変勉強になりました。
　　　今まで使ったことがなかったのですが、in the meantime「次の出来事までの間」を使えるようになりました。
先生：ポジティブなトーンが大切です。
生徒：ところで、模範解答2の文を2″のように変更した方がカッコいいと思うのですが。
　　　2. The person in charge will be back at work on May 17.
　　　2″. The person in charge will not be back at work until May 17.
先生：2″は、ビジネスライティングでは少しネガティブなイメージが出てしまいます。2の文の方がいいです。中上級レベルの英語学習者は難しいフレーズを使いたがりますが、ビジネスメールはシンプルなわかりやすいフレーズを使いましょう。

4 注文

Chapter 4-1
発注する

> これを押えるのが決め手！

①見積もりのお礼を記す→②注文の決定を記す→③注文内容の記載または注文内容記載 PDF の添付を記す→④注文書の確認を依頼する→⑤結び

Subject : Purchase Order No. 7890

Dear Mr. Brown:

1. Thank you for your Quotation No. 5678 dated April 5.

2. We have reviewed your quotation and would like to place an order for the Comfortable Bed Sheet（Item No. 986）and Comfortable Pillowcase（Item No. 357）.

3. Attached is Purchase Order #7890 in PDF format.

4. Please confirm receipt of this purchase order.

5. Thank you in advance.

Sincerely,

Mina Shirai

> 日本語訳

> 件名： 購入注文番号7890
> 1．4月5日付のお見積もり番号5678を、ありがとうございます。
> 2．お見積書を検討いたしまして、製品Comfortable Bed Sheet（品番986）とComfortable Pillowcase（品番357）を発注させていただきたいと思います。
> 3．PDFフォーマットに#7890の注文書を添付しております。
> 4．購入注文書の受領をご確認ください。
> 5．よろしくお願いします。

> ビジネスライティング説得力UP講座

先生：注文書をEメール画面に書かないようにしましょう。郵送か添付ファイルやPDFフォーマットに入れて送るのが一番安全です。

【ポイント1　丁寧度UP】
発注書にはミスを防ぐために必ず、quotation number（見積番号）とpurchase order#（注文書番号）を明記し、PDFファイルで注文書を添付します。

【ポイント2　明快度UP】
Please confirm receipt of this purchase order. など購入注文書の確認をお願いします。

> ライティング力UP講座　Let's write English!　（　）内の単語を使いましょう。

1．御社のお見積書を検討いたしまして、Comfortable Bed Sheet（品番986）とComfortable Pillowcase（品番357）の初回の注文をさせていただきたいと思います。（place an initial order for ～）

2．割引のリクエストに応じてくださり、ありがとうございました。
　（in response to our request）

3. 3月3日のお見積もりに沿って、以下の通り注文いたします。（注文番号 7890）（With reference to your quotation of ＋日付）

＊この後に改行して品目、商品名納期を記します。

品番コード	商品名	数量	単価	納期
No. 986	Comfortable Bed Sheet	200	$25	20XX年5月9日
No. 357	Comfortable Pillowcase	200	$30	20XX年5月9日

4. 請求書は大阪本社経理課宛でお送りください。（invoice）

5. 注文確認書をメールでご返信ください。
　（order confirmation / by return e-mail）

よく使う表現　模範解答

1. We have examined your quotation and would like to **place an initial order for** the Comfortable Bed Sheet (Item No. 986) and Comfortable Pillowcase (Item No. 357).

2. Thank you for offering us a discount **in response to our request**.

3. **With reference to your quotation of** March 3, we would like to place an order as follows (Order No. 7890):

Item Code	Trade name	Quantity	Unit price	Delivery Date
No. 986	Comfortable Bed Sheet	200	$25	20XX May 9th
No. 357	Comfortable Pillowcase	200	$30	20XX May 9th

4. Please send the **invoice** to the accounting department of our Osaka head office.

5．Please send us your **order confirmation by return e-mail**.

<blockquote>模範解答の講座</blockquote>

先生：注文に関する単語を覚えましょう。
　　　① place an order for　　　〜の注文をする
　　　② fill an order for　　　　〜の注文に応える
　　　③ process an order for　　〜の注文を処理する
　　　前置詞は of ではなく for です。間違わないようにしましょう。注文の対象を表すので for です。基本的なことですが、「出荷日・発送日 shipping date」、「着荷日 delivery date」を間違えないように！
生徒：日本語でも、出荷する（ship）と配達する（deliver）を間違えそうになってしまう私です。
先生：発注はキャンセル、変更ができないという心構えで書類を作成しましょう。また、結びの Thank you in advance.「よろしくお願いします」も書けるようになりましょう。

Chapter 4-2
受注の確認

> これを押さえるのが決め手！
>
> ①注文に感謝し確認する→②配送手配状況と確認番号を伝える→③今後の取引を期待する。

Subject: Confirmation of your Purchase Order No. 7890

Dear Ms. Shirai:

1. Thank you for your order No. 7890 for 200 bed sheets (Item No. 986) and 200 pillowcases (Item No. 357).

2. Your order is now being processed and will be shipped from our warehouse around April 20.
3. The confirmation number for your order is FD 345766.

4. Should we experience any delays in shipping your order, we will notify you promptly.
5. We appreciate your business and look forward to working with you.

Sincerely,

Masao Brown

日本語訳

件名： 購入注文番号7890の確認

1. 注文番号7890、200枚のベッドシーツ（品番986）と200枚の枕ケース（品番357）を承りまして、ありがとうございます。
2. 現在、ご注文は手配されており、倉庫から4月20日頃に出荷予定です。
3. 確認番号はFD 345766です。
4. 万が一商品の発送が遅れることがございましたら、すぐにお知らせいたします。
5. このお取引に感謝いたしますとともに、御社とお取引をさせていただくのを楽しみにしております。

ビジネスライティング説得力UP講座

【ポイント1　明快度UP】
Thank you for your 〜. や We are writing to confirm your 〜. の〜に注文番号、注文数、製品名（品番）を入れます。

【ポイント2　信頼度UP】
Your order is now being processed and will be shipped around 〜. の〜に発送日を記します。

【ポイント3　丁寧度UP】
We appreciate your business で再びお礼を記し、そして look forward to working with you で今後の取引に期待します。

ライティング力UP講座　Let's write English!　（　）内の単語を使いましょう。

1. 初回注文をありがとうございます。(initial order)

2. 注文番号7890の確認のメールを差し上げています。(I am writing to 〜)

3. 注文番号7890を4月20日の週に出荷する予定です。
   (be scheduled to / ship / in the week of 〜)

4．ご注文の品は、お支払い確認7日以内に発送させていただきます。
（be shipped / within 〜 days of receipt of your payment）

5．注文が殺到しておりますので、発送まで2〜3週間見てください。
（allow 2-3 weeks）

6．今回の初めてのご注文が、これからのよき取引関係につながりますように。
（lead to a good business relationship）

4・注文

> よく使う表現　模範解答

1．Thank you very much for your **initial order**.

2．**I am writing to** confirm your Order No. 7890.

3．We **are scheduled to ship** your Order No. 7890 **in the week of** April 20th.

4．Your order will **be shipped within** seven **days of receipt of your payment**.

5．Due to the high volume of the order, please **allow 2-3 weeks** for shipping.

6．We hope this initial order will **lead to a good business relationship** in the future.

> 模範解答の講座

生徒：Chapter 3-7の見積もり依頼に対する返事でも模範解答10．We will ship your order within three business days of receiving your payment.（お支払いを受領してから3営業日以内に、ご注文の品を発送いたします）を学習したと思うのですが。

147

先生：よく覚えていますね！ 納期も、見積もってもらってから注文する場合と、注文してから納期がわかる場合の2種類があります。
　受注確認して出荷する日時がハッキリわからない場合は模範解答3のように in the week of April 20th（4月20日の週に）とか、模範解答5のように allow 2-3 weeks for shipping（発送まで2～3週間見てください）とすればいいでしょう。

Chapter 4-3
受注後の納入日の相談

> これを押さえるのが決め手！
>
> （発注者の納入希望期日がない場合や、複数の注文品が同時に出荷できない場合、相手に発送のオプションを聞きましょう）
> ①注文の確認をする→②２種類の商品の在庫状況を知らせる→③発送のオプションを尋ねる

Subject： RE: Purchase Order No. 7890

Dear Ms. Shirai:

1. Thank you for your Order No. 7890 for 200 bed sheets (Item No. 986) and 200 pillowcases (Item No. 357).

2. We can ship the Comfortable Bed Sheets (Item No. 986) on April 20, but unfortunately, the Comfortable Pillowcases (Item No. 357) are now out of stock.

3. Despite our efforts to keep sufficient stock to ensure prompt delivery, demand has been very high because our Comfortable Pillowcases (Item No. 357) are very popular.

4. However, we are scheduled to receive the next shipment of Comfortable Pillowcases on May 1.

5. We have two delivery options. First, we can ship the Comfortable Bed Sheets tomorrow, on April 20, and the Comfortable Pillowcases on May 2.

6. Alternatively, we can ship both of your orders on May 2. Please let us know which option you prefer.

Sincerely,
Masao Brown

> 日本語訳

> 件名： RE：購入注文番号7890
>
> 1．注文番号7890、200枚のベッドシーツ（品番986）と200枚の枕ケース（品番357）を承りまして、ありがとうございます。
> 2．Comfortable Bed Sheet（品番986）は4月20日に発送できますが、申し訳ございませんがComfortable Pillowcase（品番357）は在庫を切らしております。
> 3．迅速な配達を確実なものにするために、十分な在庫を持つように努めておりますがComfortable Pillowcase（品番357）は人気商品なので、需要が高いのです。
> 4．しかしながらComfortable Pillowcaseが5月1日に届くことになっております。
> 5．配達方法は2種類あります。1つ目はComfortable Bed Sheetを明日4月20日に出荷しComfortable Pillowcaseを5月2日に出荷する方法です。
> 6．別の方法といたしましては、ご注文の品両方を5月2日に出荷することです。どちらのオプションを希望されるか、どうぞお知らせください。

> ビジネスライティング説得力UP講座

先生：2種類の商品が同じ日に発送できない場合の、発送のオプションを発注者に尋ねているメールです。

【ポイント1　明快度UP】
Thank you for your order No. 〜＋for＋数量＋商品（品番）で注文番号、数量、品番を明記します。

【ポイント2　説得力UP】
注文品の在庫状況を伝え、在庫がない理由はdemand has been very high（需要が高い）ことなど必ず理由を知らせる。

【ポイント3　明快度UP】
納入日の指定がなく2種類以上の注文品があり、発送予定日が異なる場合はPlease let us know which option you prefer.（どちらのオプションを希望されるか、どうぞお知らせください）と尋ねる。

ライティング力 UP 講座　Let's write English!　（　）内の単語を使いましょう。

1〜2は代替品を勧める場合のフレーズ、3〜6は分割か一括納入かの質問を受けた場合の返事です。

1. Comfortable Pillowcase（品番357）は現在入荷待ちで、4月20日に出荷できません。（be backordered / ship）

2. Comfortable Pillowcase（品番357）は在庫切れですが、Good Sleep Pillowcase（品番 No. 358）は4月25日に出荷できます。（be out of stock / ship）

3. 追加の送料がかからないように、一緒に発送してくださいませんでしょうか。（combine the shipment / avoid extra delivery costs）

4. 分割納入でお願いします。（split shipping）

5. 製品Bが、5月1日までにどうしても必要です。（definitely need）

6. 在庫のある商品を発送してくださいませんか？（in-stock items）

7. 追加送料は避けたいので、分割納入は受け付けません。
（accept partial delivery または separate delivery）

よく使う表現　模範解答

1. The Comfortable Pillowcases（Item No. 357）**are** being **backordered** and we are unable to **ship** them on April 20.

2. The Comfortable Pillowcases（Item No. 357）**are out of stock** but we are able to **ship** Good Sleep Pillowcases（Item No. 358）on April 25.

3. Could you please **combine the shipment** so we can **avoid extra delivery costs**?

4. Please arrange **split shipping**.

5. We **definitely need** Product B by May 1.

6. Could you please ship the **in-stock items**?

7. We do not **accept partial delivery**, as we wish to avoid paying extra delivery costs.

模範解答の講座

先生：backorder の意味を覚えましたか？

生徒：「取り寄せる」ですよね？

先生：はい、そうです！ backordered item「入荷待ちの商品」と in-stock item「在庫のある商品」もしっかり覚えましょう。

生徒：「注文の中に入荷待ちの商品がありましたら、入荷待ち商品が入るまで取っておいてください」とメールで書きたいのですが。
If there are any backordered items, please hold the in-stock items until the backordered items come in. でよろしいですか？

先生：上手に backordered items「入荷待ちの商品」と in-stock items「在庫のある商品」の使い分けができていますね。
次に続く文が必要です。

生徒：模範解答3の Could you please combine the shipment so we can avoid extra delivery costs? ですね。

先生：はい。そうです。

生徒：ところで、模範解答3の類似の Could you please ship them at once to avoid extra delivery costs? のフレーズを見たことがあるのですが。

先生：そのフレーズは不自然です。at once には「すぐに・一度に」の意味がありますが、この場合は使えません。

生徒：日本のメーカーの製造部門に勤務していたことがあるのですが、製品の

需要が高い場合、製造がなかなか間に合いません。そのような時、部品が不足してくることもありました。その場合模範解答5の We definitely need Product B by May 1. を応用して、We need the parts XYZ urgently, because demand for Product B has been very high. （製品Bの需要が高いので、部品XYZが緊急に必要です）と書けばよろしいのですか？

先生：urgently で「緊急に」の意味も伝わりますが、by ～ at the latest（遅くても～までには）と日付を入れることが、とても重要です。

Chapter 4-4
発注内容の変更

> これを押えるのが決め手！
>
> （納期を早めてもらう・注文個数変更）
> ①注文内容変更を明記する→②理由を述べる→③修正注文書を添付する→④結び

Subject：Change to Purchase Order 7890

Dear Mr. Brown:

1. I am writing to change a part of our order (Order No. 7890).
2. We would like to cancel the order for the Comfortable Pillowcases (Item No. 357) because it is backordered.
3. Instead, we would like to place an order for the Good Sleep Pillowcases (Item No. 358).

4. Could you ship the Comfortable Bed Sheets (Item No. 986) and Good Sleep Pillowcases (Item No. 358) on April 25 so that we can receive them by May 5?
5. We really need them by May 5.
6. Attached is the revised order form.

7. Thank you for your immediate attention.

Sincerely,

Mina Shirai

日本語訳

件名： 注文品の変更

1. 注文（注文番号7890）の一部変更のご連絡です。
2. 入荷待ちとのことでComfortable Pillowcase（品番357）をキャンセルさせていただきます。
3. その代わりにGood Sleep Pillowcase（品番358）を注文させていただきます。
4. Comfortable Bed Sheet（品番986）とGood Sleep Pillowcase（品番358）を5月5日までに受領できるように4月25日に発送していただけませんでしょうか？
5. 5月5日までに絶対に必要です。
6. 修正しました注文書を添付いたしております。
7. 迅速なお取り扱いのほどを、よろしくお願い申し上げます。

ビジネスライティング説得力UP講座

先生：製品の納入日はとても大切です。小売店にとって商品需要が高い場合は納入日の変更、つまり納入日を繰り上げてもらうこともあります。

【ポイント1　明快度UP】

I am writing to change ～. の～に注文番号（Order No. XX）を入れます。

【ポイント2　明快度UP】

注文の変更ですが、because ～ is backordered（～は入荷待ちである）と理由を述べてキャンセルしてから、Instead, we would like to place an order for ～. で別の商品を注文します。

【ポイント3　明快度UP】

修正した注文書（revised order form）を添付することでミスを防げます。
Thank you for your immediate attention で迅速な処理をお願いします。

ライティング力 UP 講座　Let's write English!　( ) 内の単語を使いましょう。

1～3は We would like to change ～の練習をしましょう。

1. 商品番号54の注文数量を、100ユニットから110ユニットに変更したいと思います。(quantity of our order from A to B)

2. 商品番号54の注文数量を、100ユニットから50ユニットに変更したいと思います。(quantity of our order from A to B)

3. 弊社注文番号3456記載のNo.87のジャケット10着の色を、黒色から紺色に変更したいです。(color of ～)

4. 弊社注文番号1234記載の製品 (No.54) を、追加で10ユニット注文させていただきたいと思います。(place an order for an additional ～)

5. 注文番号1234商品番号54の注文数量を、100ユニットから50ユニットに減らしたいと思います。(reduce the quantity)

6. 納品日を10月25日から10月10日に繰り上げていただくことは可能でしょうか？ (Would it be possible to / move forward)

7. 条件を変更する必要があればお知らせください。(Please let us know)

8. 修正された合計金額をお知らせください。(revised total cost)

よく使う表現　模範解答

1. We would like to change the **quantity of our order from** 100 units of Item No. 54 **to** 110 units.

2. We would like to change the **quantity of our order from** 100 units of Item No. 54 **to** 50 units.

3. We would like to change the **color of** the ten jackets (Item No. 87) from black to navy blue on our Order No. 3456.

4. We would like to **place an order for an additional** 10 units of Item No. 54 on our Order No. 1234.

5. We would like to **reduce the quantity** of our order from 100 units of Item No. 54 to 50 units on our Order No. 1234.

6. **Would it be possible to move forward** the delivery date from October 25 to October 10?

7. **Please let us know** if we need to change the terms.

8. Please let us know the **revised total cost**.

模範解答の講座

先生：決まり表現 We would like to change ～ from A to B を身に付けましょう。

生徒：配達日を早める場合は模範解答6の Would it be possible to move forward the delivery date from October 25 to October 10?（納品日を10月25日から10月10日に繰り上げていただくことは可能でしょうか？）を Would it be possible to change the delivery date from October 25 to October 10?（納品日を10月25日から10月10日に変更していただくことは可能でしょうか？）に言い換えられますか？

先生：OK ですよ！ change ～ from A to B はとても便利な表現です。
例えば、早める場合だけではなく遅らせる場合の日程の変更、数量の変更、デザイン・色・サイズなどの仕様の変更にも使えて、とても便利です。

生徒：6のフレーズのように change の代わりに日程変更の場合は move も使えるのですね。

先生：次に挙げる表現も覚えましょう。

配達日を繰り上げる	move up the delivery date、move forward the delivery date
配達日を遅らせる	move back the delivery date、delay the delivery date

生徒：**expedite the delivery date** を辞書で引いたら「配達日を早める」と書かれていましたが、よく使いますか？

先生：少し文語的ですから、使えるようにならなくても大丈夫です。ですが、読めるようにはなりましょう。

Chapter 4-5
商品の注文を受けられない・納期が遅れる場合

> これを押えるのが決め手！
>
> （納期が間に合わない場合）
> ①注文感謝→②注文を受けられない理由→③代替品を勧める

Subject : RE: Order for Model X

Dear Ms. Goldsmith:

1. Thank you very much for your Order No. 3562.
2. We appreciate your interest in Model X.
3. However, we are sorry to inform you that we cannot process your order, as Model X has been discontinued.

4. As a substitute, we would like to recommend Model X2, an upgraded version of Model X, which we can ship immediately after receipt of your order.
5. We recommend that you order quickly, as the demand for our Model X2 has been very high.
6. We have attached the latest catalogue in PDF format.

Sincerely,

Yayoi Imagawa

日本語訳

件名： RE： モデル X の注文

1. 注文番号3562のご注文を、ありがとうございます。
2. モデル X に興味を持っていただいたことに感謝いたします。
3. しかしながら、申し訳ございませんがモデル X は製造中止になっておりますので、ご注文に応じることができません。
4. モデル X の代替品として、ご注文受領後すぐに発送できます改良版のモデル X2 をお勧めさせていただきたいと思います。
5. 新製品モデル X2 の需要は非常に高いので、早く注文されますことをお勧めします。
6. 最新版のカタログを PDF フォーマットに添付させていただきました。

ビジネスライティング説得力 UP 講座

【ポイント1　説得力 UP】
注文のお礼を述べ、注文に応じられない理由を We are sorry to inform you that 〜の文で説明します。

【ポイント2　説得力 UP】
As a substitute, we would like to recommend 〜. などのフレーズで代替品を勧めます。

【ポイント3　説得力 UP】
例えば、新製品名を挙げて、需要（demand）が高いことを強調して、カタログも PDF フォーマットで添付して注文を勧めます。

ライティング力 UP 講座　Let's write English!　（　）内の単語を使いましょう。

1〜6は生産中止などで希望数量に応じられない場合、7〜11は納期が間に合わない、12〜14は代理店に販売を回す、15は謝罪です。

1. モデル X をグレードアップすることに決定いたしました。（upgrade）

4・注文

2．モデル X は間もなく生産中止になります。（be discontinued）

3．モデル X の在庫は20個しかございません。（in stock）

4．申し訳ございませんが、ご希望の数量に応じることはできません。
（fill the quantity of one's order）

5．グレードアップしたモデル New X は、5月よりご注文をお受けする予定です。（take orders for）

6．代替品としてモデル Super X1 をご提供させていただきますので、ご検討いただければ幸いです。（provide 〜 as a substitute）

7．配達日を遅らせていただくことは可能でしょうか？（move back）

8．申し訳ございませんが注文が殺到し、メーカーの生産が間に合わないことをお知らせしなければなりません。
（We are sorry to inform you / keep pace with / rush of orders）

9．機械トラブルのため、製造部は納期に間に合わないようです。（have trouble 〜 ing / meet their deadlines / problems with the machines）

10．申し訳ございませんが現在、在庫が切れておりまして、発送の手続きに入るのが1か月後になってしまいます。（begin the process of shipping）

11．ご希望の納期に間に合わないことを、お詫び申し上げます。
（by the date you requested）

12．申し訳ございませんが、直接お客様に販売しないことになっております。
（sell directly to）

13．代理店を通してのみ商品を販売いたしますので、添付しております（代理

店）リストの1つにご連絡ください。（distributor）

14. ご注文書を代理店に回してご連絡させてもよろしいでしょうか？（forward）

15. ご要望にお応えできず、申し訳ございません。（regret to say）

> よく使う表現　模範解答

1. We have decided to **upgrade** Model X.

2. Model X is scheduled to **be discontinued** shortly.

3. We have only 20 items of Model X **in stock**.

4. We are sorry, but we are unable to **fill the quantity of your order**.

5. We are scheduled to begin **taking orders for** the upgraded Model New X in May.

6. We are able to **provide** Model Super X1 **as a substitute**, so we would appreciate it if you could consider it.

7. Would it be possible to **move back** the delivery date?

8. **We are sorry to inform you** that the manufacturer is unable to **keep pace with** the **rush of orders**.

9. The manufacturing department seems to be **having trouble meeting their deadlines** due to **problems with the machines**.

10. We are sorry, but we are out of stock right now and it will take one month to **begin the process of shipping** your order.

11．We apologize for not being able to deliver the goods **by the date you requested**.

12．We are sorry, but we are not allowed to **sell directly to** customers.

13．We sell our products only through **distributors**, so please contact one of those on the attached list.

14．May I **forward** your order form to a distributor and ask them to contact you?

15．We **regret to say** that we cannot meet your request.

模範解答の講座

生徒：E メール本文のように、改良版の新製品がある場合はそれをお勧めすればいいのはわかります。ですが、新製品がない場合、在庫品がない場合、We are able to provide similar products.（同じような品をご提供させていただきます）のフレーズをよく見かけるのですが。

先生：製品名を入れる必要があります。a similar product（同じような製品）では、曖昧でせっかくのビジネスチャンスを逃がしてしまいます。
模範解答6の We are able to provide Model Super X1 as a substitute, so we would appreciate it if you could consider it.（代替品としてモデル Super X1 をご提供させていただきますので、ご検討いただければ幸いです）と、製品名も書きましょう。

生徒：模範解答12のように顧客に直接販売できない場合は、模範解答13のように distributors を通して購入することを勧める、または模範解答14のように注文を顧客の許可を得て転送すればいいのですね！ 勉強になりました。

Chapter 4-6
注文をキャンセルする

> これを押えるのが決め手！
>
> （注文したが遅延の連絡を受けた場合）
> ①遅延の連絡に感謝→②キャンセルの内容を伝える→
> ③事情を伝える→④相手の理解を求め謝罪する

Subject : Cancellation of our order

Dear Mr. Turner:

1. Thank you very much for notifying us of the foreseen delay in delivery.

2. We are forced to cancel the order for Item No. 4567 that we placed on March 20, because we definitely need the order by April 5.

3. Actually, we have found another supplier which can deliver our order by the delivery date we requested.

4. I hope you will understand this situation.

5. I apologize for any inconvenience this cancellation may cause.

Sincerely,

Noboru Aoki

日本語訳

件名： 注文のキャンセル

1. 注文の配達が遅れそうになるとのお知らせを、ありがとうございます。
2. 3月20日に注文いたしました商品番号4567が4月5日までに必要なのでキャンセルせざるを得ません。
3. 実は、希望納期通りに配達していただける他のサプライヤーを見つけました。
4. この状況をご理解いただければと思います。
5. このキャンセルでご迷惑をおかけするかもしれないことを、お詫び申し上げます。

ビジネスライティング説得力UP講座

先生：納期が遅れる連絡があった場合は、キャンセルすることは失礼ではありません。理由を書くと、なお信頼関係がUPするでしょう。

【ポイント1　明快度UP】

遅延の連絡に、Thank you for 〜で感謝し、We are forced to cancel 〜、We have no choice but to cancel 〜、We have no alternative but to cancel 〜 の〜にキャンセルの内容を正確に伝えます。

【ポイント2　説得力UP】

because we definitely need the order by 期日でキャンセルの理由を伝えます。

【ポイント3　信頼度UP】

I hope you will understand this situation で理解を求めます。

ライティング力UP講座　Let's write English!　（　）内の単語を使いましょう。

1. 品番4567の追加注文の配達が1か月かかるとのご連絡、ありがとうございました。（delivery of an additional order of 〜）

2. 品番3456の追加注文を取り消さざるを得ません。
　（have no choice but to）

3. 全商品が4月5日までに必要なので、追加注文だけでなく、3月20日の最初の注文（注文番号146）もキャンセルせざるを得ません。
（have no alternative but to）

4. 製品A（商品番号3456）を4月10日までには小売店に搬入しなければなりません。（retailer）

5. 3月20日の最初の注文は進めてください。（proceed with / initial order）

6. キャンセルの確認書を送っていただけませんでしょうか？
（confirmation of this cancellation）

7. 契約条件を順守していただけないなら、注文をキャンセルせざるを得ません。
（be forced to / meet the terms of the contract）

8. 在庫のミスがあり現状では入荷する必要がないので、申し訳ございませんが品番0987の注文をキャンセルしなければなりません。（replenish our inventory）

よく使う表現　模範解答

1. Thank you very much for letting us know that the **delivery of an additional order of** Item No. 4567 will take one month.

2. We **have no choice but to** cancel our additional order of Item No. 3456.

3. We **have no alternative but to** cancel not only the additional order but also the initial order (Order No. 146) that we placed on March 20, because we definitely need the whole order by April 5.

4. We have to deliver Product A (Item No. 3456) to our **retailers** by April 10.

5. Please **proceed with** the **initial order** we placed on March 20.

6. Could you please send us a **confirmation of this cancellation**?

7. We will **be forced to** cancel the order if you cannot **meet the terms of the contract**.

8. We are sorry, but due to an inventory error, we do not need to **replenish our inventory** at present, so we have to cancel our order of Item No. 0987.

> 模範解答の講座

先生：業者から注文品の納期遅れや、リクエストした納期に間に合わない旨を伝えてきたらキャンセルして取引先の競合相手に注文せざるを得ない場合がありますね。
　　　ここでの決まり表現 We have no choice but to 〜、We have no alternative but to 〜、We are forced to 〜を身に付けましょう。

生徒：模範解答7 We will be forced to cancel the order if you cannot meet the terms of the contract. の be forced to 〜. は代金督促の場面で使われているのを見たことがあるのですが。意味合いが強いのですね。

先生：いいところに気づきましたね。Chapter 4-14 代金督促3回目以降の模範解答5でも be forced to 〜は出てきます。

生徒：We are forced to cancel the order, because our customers' needs changed.（顧客のニーズが変わったので、注文をキャンセルせざるを得ません）のフレーズを見たことがあるのですが。顧客のニーズをつかめなかったことも問題ですし、どうも自分勝手なような気がします。

先生：そうですね。We are sorry, but we would like to cancel our order, because our retailers cancelled their orders.（顧客が注文を取り消してきたので、申し訳ございませんが注文を取り消させていただきたいと思います）と、具体的な方がいいです。

Chapter 4-7
商品発送のお知らせ

これを押えるのが決め手！

①商品の出荷とその詳細を知らせる→②受領確認を依頼する→③質問があれば受けるとの旨を示す

Subject : Shipment notification (Order No. 2680)

Dear Mr. Black:

1. This is to inform you that your order (No. 2680) has been shipped.
2. The details are as follows:

   ① Shipping date: October 5, 2014
   ② Shipping System: Tokyo International Transportation Service
   ③ Parcel Number: #596735 (online tracking available)
   ④ Address: ABC Textile Company
   ⑤ Estimated Arrival Date: October 19, 2014

3. The invoice is included in the shipment.
4. Please confirm receipt upon taking delivery of the order.

5. If you have any questions, please don't hesitate to contact me.

Sincerely,

Yoshiko Tani

日本語訳

件名： 発送のお知らせ（注文番号2680）

1. 注文番号2680が本日出荷されたことをお知らせします。
2. 詳細は以下の通りです。
   ① 出荷日： 2014年10月5日
   ② 輸送方法： 東京国際運輸サービス
   ③ 荷物伝票番号： 596735（インターネット上で追跡可）
   ④ 送付先： ABC繊維株式会社
   ⑤ 到着予定日： 2014年10月19日
3. 請求書（送り状）は配送品の中に入っています。
4. 商品の引き渡しを受け次第、受領の確認をお願いします。
5. 質問がございましたら、ご遠慮なくお問い合わせください。

ビジネスライティング説得力UP講座

【ポイント1　明快度UP】

This is to inform you that your order (No. ~) has been shipped. でどの注文の発送かを明確に示し、Shipping date（発送日）： Shipping System（輸送方法）： Parcel Number（荷物伝票番号）： Address（送付先）： Estimated Arrival Date（到着予定日）： を示します。

【ポイント2　明快度UP】

Please confirm receipt upon taking delivery of the order. で商品受領の確認をお願いします。

ライティング力UP講座　Let's write English!　（　）内の単語を使いましょう。

1. 発送品は御社に10月19日に到着予定です。（shipment）

2. ご注文の品をお受け取りになられましたら、お知らせください。
   （when you receive your order）

3. 受領書に署名して返却することで受領を確認してくださいますように、よろしくお願いします。（signing and returning the written receipt）

4. 欠陥、欠品がございましたら、ご遠慮なくお知らせください。（defects）

> よく使う表現　模範解答

1. The **shipment** is scheduled to arrive at your company on October 19.

2. Please let me know **when you receive your order**.

3. Please confirm receipt of your goods by **signing and returning the written receipt**.

4. If there are any **defects** or missing items, please don't hesitate to contact me.

> 模範解答の講座

生徒：模範解答2の Please let me know when you receive your order.（ご注文の品をお受け取りになられましたら、お知らせください）ですが、受け取るのは未来のことですから未来形になるのではないでしょうか？
先生：Chapter 3-2の模範解答の講座でも学びましたが、副詞節（〜したら）の訳ができる文は未来のことでも現在形です。未来形にすると when you will 〜は名詞節になり、2" Please let me know when you will receive your order. は（いつ注文を受領できるかということを、お知らせください）になります。
生徒：わかったような気がしますが。
先生：それではもう1つ 副詞節と名詞節の違い の例を挙げてみましょう。
　　① いつ駅に着くかということを、お知らせください。
　　正解：Please let me know when you will arrive at the station.
　　② 駅に着いたらお知らせください。

正解：Please let me know when you arrive at the station.
副詞節と名詞節の違いが理解できましたか？
もう1つ付け加えますと、ビジネスライティングでは Please let me know 〜. の代わりに Please tell us about 〜. を使わないように。幼稚に響きます。

Chapter 4-8
注文品受領の連絡

> これを押えるのが決め手！

①どの注文かを示す→②商品の着荷を知らせる→③迅速な納品・商品状態を感謝→④結び

Subject: Receipt of Shipment (Order No. 4587)

Dear Mr. Smith:

1. I am writing with regard to our Order No. 4587.
2. This is to inform you that we received 50 ceramic tableware sets today.
3. Thank you for your prompt delivery.

4. We appreciate your packing the products with plenty of cushioning material.
5. The items arrived in perfect condition.

6. We are sure your products will sell well and enjoy a good reputation among our clients.
7. If this trial order proves to be successful over a period of one month, we will place an additional order.

8. We look forward to doing more business with you.

Sincerely,
Kaori Asari

4・注文

日本語訳

件名： 発送品の受領（注文番号4587）

1. 発注番号4587の件でご連絡いたします。
2. 本日、陶磁器食器を50セット受領いたしましたことをお知らせします。
3. 迅速な配達、ありがとうございます。
4. 緩衝剤をたくさん入れて、安全に梱包していただき、感謝しています。
5. 商品は完全な状態で到着いたしました。
6. きっと御社の製品が私どものお客様のお店でよく売れ、好評を博すると確信しております。
7. もしこのトライアル注文が1か月で成功すれば、追加注文させていただきたいと思います。
8. 今後ともよろしくお願いします。

ビジネスライティング説得力UP講座

先生：Eメール本文の最初の2文でも商品受領の報告になるのですが、ここでは感謝の気持ちがビジネス関係をよくすることを学びましょう。

【ポイント1　信頼度UP】
商品が到着したその日に I am writing with regard to our order ～. の～に注文番号を明記し、迅速な配達（prompt delivery）に感謝し、受領メールを送りましょう。送り主も安心できます。

【ポイント2　丁寧度UP】
こわれやすい（fragile）品（article）に多くの緩衝剤（plenty of cushioning material）を入れて梱包する（packing）のは当たり前のことなのですが、お礼を述べられると supplier もうれしい気持ちになり、良いビジネス関係を構築（build up）できます。

ライティング力UP講座　Let's write English!　（　）内の単語を使いましょう。

1. 注文の品が本日届きましたことを、ご連絡します。（**This is to inform you**）

2．商品はしっかり梱包されて完全な状態で届きました。
　（items / be packed / in perfect condition）

3．御社の製品が好評を博すると確信しております。
　（enjoy a good reputation）

4．これからの取引についてお話しさせていただくことを、楽しみにしております。（discuss further business transactions）

よく使う表現　模範解答

1．**This is to inform you** that our order arrived today.

2．The **items were** very well **packed** and arrived **in perfect condition**.

3．I am sure your products will **enjoy a good reputation**.

4．We look forward to **discussing further business transactions**.

模範解答の講座

先生：ここでは決まり表現 This is to inform you ＋（主語＋動詞）. を身に付けましょう。

生徒：「完全な状態で」は in perfect condition というのですね。

先生：本文では緩衝材（cushioning material）を入れてもらったことに対する具体例を挙げました。模範解答2は、梱包がしっかりして完全な状態で届いた場合に使える決まり表現です。

生徒：緩衝材は cushioning material なのですね。しっかり覚えます。

先生：「好評を博する」は enjoy a good reputation ということを、しっかり覚えましょう。

生徒：discussing further business transactions の further は距離 far の比較級ですか？

先生：程度を表す比較の further です。　far － further － furthest です。
　　　距離を表す比較は farther です。far － farther － farthest です。

Chapter 4-9
代金の請求

4・注文

> これを押えるのが決め手！

①注文のお礼→②請求書の添付ファイルを記す→③結び

Subject: Request for payment (Order No. 5437)

Dear Mr. Garcia:

1. Thank you for your Order No. 5437 of May 11.
2. We have mailed you Invoice No. 642 for this order.

3. Your order will be shipped upon confirmation of your payment.
4. Thank you very much for your transaction.

Sincerely,

Junko Shima

日本語訳

件名： 支払いリクエスト（注文番号5487）

1．5月11日付注文書番号5437のご注文、ありがとうございます。
2．このご注文の請求書番号642を郵送させていただきました。
3．お支払いを確認し次第、商品を発送いたします。
4．お取引ありがとうございます。

ビジネスライティング説得力UP講座

【ポイント1　丁寧度UP】

どの注文の請求かを Thank you for your Order No. 5437 of May 11. のように注文書の番号と日付を入れてお礼を記します。注文書番号だけでもOKですが、月日がある方が丁寧です。

【ポイント2　説得力UP】

Your order will be shipped upon confirmation of your payment. などで、注文商品を発送できる時期などを記すこともあります。

ライティング力UP講座　Let's write English!　（　）内の単語を使いましょう。

1．どちら様に請求書をお送りすればよいか、お知らせ願えますか？
　　（to whom we should address the invoice for this order）

2．請求書に記してあります銀行口座にお振込みください。
　　（remit your payment / bank account）

3．請求書の日付から14日以内にお支払いください。
　　（Our terms of payment）

よく使う表現　模範解答

1．Would you please let us know **to whom we should address the invoice for this order**?

2．Please **remit your payment** to the **bank account** on the invoice.

3．**Our terms of payment** are 14 days from the date of the invoice.

模範解答の講座

生徒：請求書がEメールに直接書かれているのを時々見かけますが。

先生：Eメールに直接書かずに、郵送しましょう。顧客に対しても失礼ですし、会計監査などでも混乱をきたします。

生徒：請求書は商品が着く前に送られてくる場合も多いですね。

先生：信用取引が始まる前は、支払いを確認してから商品が発送される場合も多いです。
次の決まり表現 Our terms of payment are 〜 days after receipt of the invoice.（お支払いの条件は請求書受領から〜日以内です）を身に付けましょう。

生徒：termsをtermに入れ替えできますか？

先生：それは間違いです。下記の違いをしっかり覚えましょう。
term＝「期間」、terms＝「条件」、termination＝「満期」です。

4．注文

Chapter 4-10
代金支払のお知らせと遅延の謝罪

> これを押えるのが決め手！

①請求書受領を伝える→②支払い内容と方法を述べる→③確認をお願いする

Subject : Payment (Invoice No. 5643)

Dear Mr. White:

1. We have received Invoice No. 5643.

2. We made a bank transfer of $1,000 from Namba Branch of ABC Bank to your account with the Honolulu Branch of XYZ Bank on September 11.

3. The remittance number is 987654.

4. We would appreciate it if you could let us know once you have confirmed receipt of payment.

Sincerely,

Sayuri Ono

日本語訳

> **件名： お支払い（請求番号5643）**
>
> 1. 請求番号5643の請求書を受け取りました。
> 2. 9月11日付で1000ドルを、ABC銀行難波支店からXYZ銀行ホノルル支店の御社の口座にお振込みをいたしました。
> 3. 送金番号は987654です。
> 4. 送金の受領を確認され次第、ご連絡いただければ幸いです。

ビジネスライティング説得力 UP 講座

先生：入金した旨を通知すると相手先も確認しやすいので、必ず代金支払い確認メールを入れましょう。

【ポイント1　明快度 UP】

請求番号、または注文番号を明記し、金額、振込先、振込日と送金番号（remittance number）も記します。

【ポイント2　明快度 UP】

We would appreciate it if you could let us know 〜. や Please confirm receipt of payment. で、丁寧に入金の確認をお願いします。

ライティング力 UP 講座　Let's write English!　（　）内の単語を使いましょう。

1〜2は支払い通知、3〜4は支払い遅延の謝罪、5は問い合わせ先です。

1. 請求番号5643の支払いとして9月11日に貴社の口座に1000ドルの振り込みをいたしました。（remit）

2. 支払いを受領した旨をお知らせください。（acknowledge）

3. 支払いの遅延は、経理部の見落としにより生じてしまいました。
 （be caused by an oversight）

4．請求書番号5643の支払いが遅れまして、心からお詫び申し上げます。
（apologize for）

5．支払いに関するお問い合わせは、弊社経理部までお願いいたします。
（direct your inquiries to ～）

よく使う表現　模範解答

1．We **remitted** $1,000 to your bank account on September 11 as payment for invoice No. 5643.

2．Please **acknowledge** receipt of the payment.

3．The delay in payment **was caused by an oversight** in the accounting department.

4．We sincerely **apologize for** this late payment of invoice No. 5643.

5．Please **direct your inquiries** about payments **to** our accounting department.

模範解答の講座

先生：生徒の問題を添削していてよくある 時制に関する 間違いですが、過去の月日が明記されているのに現在完了形が使われていることがあります。過去の年月日と現在完了形は使えないことをしっかり確認しましょう。
日本語：9月11日に貴社の口座に1000ドルの振込みをいたしました。
英語：We remitted $1,000 to your bank account on September 11.　○
We have remitted $1,000 to your bank account on September 11.　×

生徒：yesterday、last ～、～ ago は過去形と使うことを知っていましたが、過去の年月日は現在完了形と一緒に使えないとは知りませんでした。

Chapter 4-11
代金受領のお知らせ

> これを押えるのが決め手！

①請求書番号を入れる→②送金内容を確認する→③結び（これからの注文も期待する）

Subject: RE: Payment (Invoice No. 5643)

Dear Ms. Ono:

1. This is in reference to our Invoice No. 5643.

2. We are pleased to confirm your payment of $1,000 to our account with the Honolulu Branch of XYZ Bank.

3. Thank you very much for your prompt payment.
4. We look forward to receiving your next order.

Sincerely,

David White

日本語訳

件名： RE：支払い（請求番号5643）

1. 請求書番号5643の件で連絡させていただきます。
2. XYZ銀行ホノルル支店に1000ドルをお支払いいただいた旨を確認いたしました。
3. 迅速なお支払いをありがとうございました。
4. 次のご注文をお待ちしております。

ビジネスライティング説得力UP講座

先生：請求するだけでなく、必ず、代金受領のお知らせもしましょう。

【ポイント1　明快度UP】

This is in reference to ＋invoice number（請求書番号）を示します。

【ポイント2　丁寧度UP】

We are pleased to confirm your payment of ＋金額 to our account with ＋銀行名で、振り込まれたことを確認します。

【ポイント3　丁寧度UP】

prompt payment（迅速な支払い）のお礼を述べ、次の注文を期待します。

ライティング力UP講座　Let's write English!　（　）内の単語を使いましょう。

1. XYZ銀行より、御社から9月11日付で弊社口座に1000ドルのご送金をいただいた旨の連絡がありました。（has advised us / your payment of ～ / be made to our account）

2. XYZ銀行より、御社信用状記載の金額につき弊社口座への入金があったとの連絡がございました。（the amount set out in your letter of credit / be deposited in）

3. ご送金を受領したことを、確認させていただきます。（This is to confirm）

4. 1000ドルが当社に振り込まれました。(the amount of / be credited to)

よく使う表現　模範解答

1. XYZ Bank **has advised us** that **your payment of** $1,000 **was made to our account** on September 11.

2. XYZ Bank has advised us that **the amount set out in your letter of credit** has **been deposited in** our account.

3. **This is to confirm** that we have received your remittance.

4. **The amount of** $1,000 has **been credited to** our bank account.

模範解答の講座

先生：決まり表現「〜 has advised us ＋ …」は「〜から…の連絡がありました」をしっかり身に付けましょう。

生徒：be credited は be deposited よりも難しい表現ですか？

先生：be credited も be deposited も「送金される」を意味する金融分野ではスタンダードな単語です。ただし、続く前置詞が違います。「〜へ送金される」は be credited to 〜、be deposited in 〜です。
模範解答4の文を be deposited in を使って書き換えましょう。

生徒：はい。The amount of $1,000 has been deposited in our bank account.

先生：はい！　よろしい。これで be credited to 〜と be deposited in 〜が使えるようになりましたね！

Chapter 4-12
代金督促１回目

> これを押えるのが決め手！

①支払い延滞のお知らせ→②確認の依頼→③代金支払い催促→④次の支払期日のお知らせ→⑤行き違い入金の可能性のフォロー

Subject：Reminder: Overdue Invoice No. 8653

Dear Mr. Johnson:

1. This is a kind reminder that your payment is 10 days overdue.
2. Our records show that your payment of $2,000 for Invoice No. 8653 was due on January 30.

3. Please be sure to check your records and arrange for an early settlement.
4. We would like you to keep in mind the fact that a 5% late payment fee will be added to your invoice if you do not pay by February 20.

5. If you inform us of the reason for this delayed payment, we may be able to work something out.
6. If the payment has already been sent, please disregard this notice.

Sincerely,

Shigeru Nishi

日本語訳

件名： 督促：請求書8653の延滞

1. 御社のお支払いが10日間遅れていますので、お知らせいたします。
2. 弊社記録によれば請求書8653番の2000ドルのお支払いの期日は1月30日でした。
3. 御社の記録をご確認の上、早めにお支払いください。
4. 2月20日までにお支払いにならない場合は、5％の延滞料金が加算されますことをご了承ください。
5. お支払いが遅れている理由をお知らせ願えれば、何かご協力できるかもしれません。
6. この通知と行き違いにご送金されておりましたら、本通知はご放念くださいますようお願いします。

ビジネスライティング説得力UP講座

先生：1回目の支払いの督促のメールは丁寧な文面で相手に不快感を与えないことが大切です。いつもは支払いがいいのに、ごくたまに遅れている場合は、相手の単なるミスである場合もあるのでフレンドリーな催促状を送ります。1回目の督促状は You have not remitted your payment. や We still have not received ～. などの not のついた否定的な文は避けましょう。無礼に聞こえます。

【ポイント1　明快度UP】
This is a kind reminder ～で始めることでフレンドリーな催促状になります。請求書番号（Invoice No.）、金額、締切日を入れましょう。曖昧な表現は避けましょう。

【ポイント2　説得力UP】
延滞料（late payment fee）が課せられる場合とそうでない場合があります。課せられる場合は、今一度、確認することで顧客に送金を説得できます。

【ポイント3　丁寧度UP】
行き違いになった場合の Please disregard this notice. も大切です。

ライティング力 UP 講座　Let's write English!　（　）内の単語を使いましょう。

1. 請求書番号 8653 の支払期日が 1 月 30 日であったことをお知らせします。
   (This is a reminder / your payment / be due on)

2. 御社のお支払いが 10 日間遅れていることをお知らせします。
   (be 動詞 ＋ 日数 ＋ overdue)

3. 支払期日は 1 月 30 日でした。(The due date)

4. 見落とされているかもしれませんが、お支払いの期日は 1 月 30 日でした。
   (主語 ＋ may have overlooked)

5. 請求書番号 8653 の PDF を添付させていただきます。(Attached is 〜)

6. 2 月 28 日までにお支払いいただければ幸いです。
   (We would appreciate it if / can be made)

7. 2 月 28 日までにご送金ください。(remit one's payment)

8. いつお支払いくださるのか、お知らせいただければ幸いです。
   (inform us of / when we will)

9. 2% の延滞料金が加算されますことをご理解くださいますよう、よろしくお願いします。(We would like you to understand / late payment fee)

10. すでに勘定を決済されている場合は、この通知に関してはご放念ください。
    (settle the account / disregard)

よく使う表現　模範解答

1. **This is a reminder** that **your payment** of Invoice No. 8653 **was due on** January 30.

2. This is a reminder that your payment **is** ten days **overdue**.

3. **The due date** was January 30.

4. You **may have overlooked** it, but the due date was January 30.

5. **Attached is** a PDF of Invoice No. 8653.

6. **We would appreciate it if** the payment **can be made** by February 28.

7. Please **remit your payment** by February 28.

8. We would appreciate it if you could **inform us of when we will** receive your payment.

9. **We would like you to understand** that a 2% **late payment fee** will be added to your bill.

10. If you have already **settled the account**, please **disregard** this notice.

4・注文

模範解答の講座

生徒：なぜ、支払期日に deadline を使わずに due date を使うのですか？

先生：deadline は厳しいイメージがあるので、お客様に対しては使いません。1回目の督促状は相手が忘れていた可能性もあるので、模範解答4の You may have overlooked it, but the due date was January 30. のように、You may have overlooked it, を使うことも大切です。may（かもしれない）は優しいトーンです。

生徒：You may not have realized ～．（～をお気づきでないかもしれませんが）を使ってもいいですか？

先生：OK ですよ。助動詞の過去の推量の形をよく覚えていましたね。今一度

復習しましょう。

```
would ＋ have ＋ 過去分詞 ～      ～しただろうに
may ＋ have ＋ 過去分詞 ～        ～したかもしれない
must ＋ have ＋ 過去分詞 ～       ～したに違いない
can not ＋ have ＋ 過去分詞 ～    ～したはずがない
should ＋ have ＋ 過去分詞 ～     ～するべきだった
```

生徒：I should have studied English much harder when I was a student.
（学生の頃、英語をもっと一生懸命勉強するべきでした）

先生：上手に should have ＋ 過去分詞が使えていますね！
Chapter 4-7でも学習しましたが、when が導く名詞節と副詞節について復習しましょう。模範解答8. We would appreciate it if you could inform us of when we will receive your payment. に注目しましょう。when we will receive your payment は名詞節で未来形が使われています。

生徒：はい。これは未来のことなので、すんなり未来形だとわかります。副詞節が弱いので、もう一度 Chapter 4-7に戻って復習します。

先生：settle the account「勘定を決済する」をしっかり覚えましょう。

生徒：はい。disregard「ご放念ください」の代わりに ignore を使ってもいいですか？

先生：ignore は「嫌な人や事を無視する」を意味するので使ってはいけません。「関係ないことを無視する」disregard を使います。

生徒：Eメール本文では We would like you to keep in mind ～. ですが、模範解答9では We would like you to understand ～. です。違いはありますか？

先生：ほとんど違いはありませんが、We would like you to understand ～. の方が相手の反発を和らげつつ、フォーマル度が少し増します。

Chapter 4-13
代金督促2回目

> これを押えるのが決め手！

①支払い延滞のお知らせ→②代金支払い催促→③支払期日のお知らせ→④支払われない場合のマイナス面を記す→⑤連絡の要求を記す

Subject : Second Reminder: Overdue Invoice No. 8653

Dear Mr. Johnson:

1. This is to inform you that your payment on Invoice No. 8653 is 20 days overdue.
2. Despite our reminder of February 10, we still have not received your payment of $2,000.
3. Attached is a PDF of Invoice No. 8653.
4. We would appreciate your prompt payment without further delay.

5. Please keep in mind the fact that a 10% late payment fee will be applied if you do not pay by February 28.
6. We are concerned that if you do not remit your payment, it may affect the credit rating of your company.

7. We would like to be notified by e-mail when payment is sent.

Sincerely,

Shigeru Nishi

> 日本語訳

件名： 2度目の督促：請求書番号8653の延滞

1. 請求書番号8653のお支払いが20日遅延していることをお知らせします。
2. 2月10日の延滞通知にもかかわらず、2000ドルのお支払いを受け取っておりません。
3. 請求書番号8653のPDFを添付させていただきます。
4. これ以上遅れませんように、早急にお支払いをいただきたく思います。
5. 2月28日までにお支払いにならない場合は、10%の延滞料金が適用されますことをお知り置きください。
6. もしご送金いただけない場合は、御社の信用度に影響するのではないかと心配しております。
7. お支払いをされましたら、Eメールにて早急にご連絡をいただきたいと思います。

> ビジネスライティング説得力UP講座

先生：2度目の督促状は、1度目の督促状よりもトーンを強めて大丈夫です。

【ポイント1　説得力UP】
2回目の督促状は We still have not received ～などの否定的な文を入れても構いません。

【ポイント2　説得力UP】
Attached is a PDF of Invoice No. ～. と請求書を添付した方が、詳細をEメールに明記するより説得力があります。

【ポイント3　説得力UP】
遅延がもたらす悪い影響、It may affect the credit rating of your company. (御社の信用度に影響するかもしれません) などを示し、支払いを催促します。late payment fee (延滞料金) が課せられる場合も Please keep in mind ～. でトーンを少し強くします。

ライティング力UP講座　Let's write English!　（　）内の単語を使いましょう。

1. 請求書番号8653のお支払いが20日滞っていることを見落とされていると思います。（We believe / overlook）

2. できるだけ早く勘定を決済されることを期待しております。
   （be expected to）

よく使う表現　模範解答

1. **We believe** you have **overlooked** the fact that Invoice No. 8653 is 20 days overdue.

2. You **are expected to** settle the account as soon as possible.

模範解答の講座

先生：2回目以降の督促状ではYou are expected to ～を使うと、書き手の要求を強いトーンで表現できます。

生徒：なるほど。You are expected to ～が強いトーンだとは知りませんでした。
　　　We look forward to your making the payment as soon as possible. も強いトーンだと本で読んだことがありますが。

先生：look forward toは強いトーンには響きません。

Chapter 4-14
代金督促3回目以降

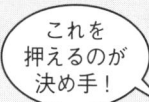

> これを押えるのが決め手！

①延滞状況の説明→②連絡を待つ→③期日までに支払われない場合の強行手段を示唆する→④迅速な支払いを念押しする

Subject : Third Reminder: Overdue Invoice No. 8653

Dear Mr. Johnson:

1. We are bringing your attention to the fact that your account is 60 days overdue.
2. Attached is a PDF of Invoice No. 8653.

3. We sent the first and second reminders on February 10 and February 20 respectively, and I also called you several times.
4. We have received neither a reply nor payment.
5. Please contact us as soon as possible.

6. We insist on receiving your remittance by March 10.
7. Otherwise, we will be obliged to hand this matter to our lawyer.
8. We would like to avoid this if possible.

9. You are expected to settle the account promptly.

Sincerely,

Shigeru Nishi

> **日本語訳**

> **件名： 3度目の督促：請求書番号8653の延滞**
> 1．お支払いが60日遅延しているという事実にご注目ください。
> 2．請求書番号8653のPDFファイルを添付しております。
> 3．1回目の督促状を2月10日に、2回目の督促状を2月20日にお送りしていますし、何度かお電話もさせていただきました。
> 4．それに対する貴社からのご回答も、ご送金もありません。
> 5．できるだけ早く弊社までご連絡ください。
> 6．3月10日までにお支払いいただくことを強く求めます。
> 7．お支払いいただけない場合は、顧問弁護士に委ねなければならないことになります。
> 8．可能なら、このことは避けたいと思います。
> 9．早急に勘定決済をしていただきたいです。

ビジネスライティング説得力UP講座

先生：2回にわたる督促にも関わらず入金どころか連絡もない状態では、3回目督促では厳しいトーンで通告することも大切です。

【ポイント1　説得力UP】
～日遅滞している事実に We are bringing your attention to the fact that ～．と強いトーンで注意を促します。

【ポイント2　説得力UP】
請求書のPDFファイルを添付し、2通の延滞通知を送った日をそれぞれ（respectively）明記します。

【ポイント3　説得力UP】
期日までに送金なき場合は（Otherwise）、この件を弁護士に委ねる（hand this matter to our lawyer）ことで説得力が上がります。hand this matter to a collection agency（この件を代金回収機関に委ねる）場合もあります。

ライティング力 UP 講座　Let's write English!　（　）内の単語を使いましょう。

1．2月20日に2通目の延滞通知を送りました。（reminder）

2．この件を、できるだけ早く解決していただきたいと思います。
　（urge ＋ 目的語 ＋ to / resolve）

3．ご返答も送金もいただいておりません。（neither A nor B / remittance）

4．この件に関しまして、法的な手段に訴えなければならないでしょう。
　（be obliged to / take legal action）

5．3月10日までに勘定決済をされないのでしたら、御社との信用取引は解消せざるを得ません。（be forced to / cancel credit terms）

よく使う表現　模範解答

1．We sent the second **reminder** on February 20.

2．We **urge** you **to resolve** this matter as soon as possible.

3．We have received **neither** a reply **nor remittance**.

4．We will **be obliged to take legal action**.

5．If you do not settle the account by March 10, we will **be forced to cancel credit terms**.

模範解答の講座

生徒：reminder の代わりに late payment notice でも OK ですか？
先生：reminder が一番よく使用されますが、OK ですよ。
生徒：Chapter 2-8のライティング講座1で be forced to ～は be obliged

to〜と同じくらいの頻度で使うと教えてもらいましたが、模範解答5の文に be forced to の代わりに have no choice but to〜を使ってもOKですか？

先生：have no choice but to〜は少しフォーマル度は落ちますが使えます。

生徒：本文Eメール中の respectively について、もう少し詳しく教えてください。

先生：同じような文例を挙げますので、respectively は「それぞれ」を意味することに注意して訳してください。

　　　英文：We sent the first and second reminders on March 15 and March 25 respectively.

生徒："私たちは最初の督促状を3月15日に、2回目の督促状を3月25日にそれぞれ送りました"でいいですか？

先生：はい。よろしい！

生徒：Eメール本文中の6の We insist on receiving your remittance by March 10. と7の Otherwise, we will be obliged to hand this matter to our lawyer. の Otherwise 用法がわかりにくいです。

先生：この場合、otherwise は「さもなければ」の意味を持ちます。
7の文を下記に書き換えますので、じっくり読んでください。

If we do not receive your remittance by March 10, we will be obliged to hand this matter to our lawyer.（3月10日までに送金されなければ、顧問弁護士に委ねなければならなくなります）です。

生徒：わかったような……。

先生：それではもう少し簡単な例文を紹介しましょう。

Keep a promise; otherwise, you will fail.
（約束しなさい。そうでなければ失敗するでしょう）
Write the telephone number down. Otherwise, you may forget it.
（電話の番号を書き留めなさい。そうでないと忘れるかもしれません。）
I left five minutes earlier; otherwise, I would have missed the bus.（5分早く出発しました。そうでなければバスに乗り遅れたでしょう）

5 苦情と対処方法

Chapter 5-1
請求書の金額の誤りを指摘する

> これを押えるのが決め手！

①金額違いの指摘→②証拠書類を添付→③確認を依頼→④正しい請求書の送付を依頼

Subject : Error on Invoice No. 5324

Dear Ms. Wilson:

1. We must inform you that there seems to be an error on your Invoice No. 5324.
2. Your Invoice No. 5324 does not match your Quotation No. 3095.
3. The total amount is different from that which we agreed on.
4. A special discount of 10% was not applied.
5. The total should be $1,620 including shipping and handling, not $1,800.

6. We have attached your quotation and invoice.
7. Would you please check them, and send us the correct invoice by May 20?

Sincerely,

Isamu Yamaguchi

日本語訳

> **件名： 請求番号5324の請求ミス**
> 1．請求番号5324に間違いがあることをお伝えしなければなりません。
> 2．請求番号5324は見積もり番号3095と一致しません。
> 3．合計金額は私たちが同意した金額と異なります。
> 4．10％の特別割引が適用されていませんでした。
> 5．送料手数料込みで1800ドルではなく1620ドルのはずです。
> 6．御社の見積書と請求書を添付いたしました。
> 7．ご確認の上、5月20日までに正しい請求書をお送りくださいますようお願い申し上げます。

ビジネスライティング説得力UP講座

先生：海外取引の場合は請求書はinvoiceで発行されます。宛先、日付、品名、数量、金額　合計を確認しましょう。

【ポイント1　明快度UP】

We must inform you that there seems to be an error in Invoice No. ～. と、金額の間違いのある請求書の番号を～に明記して簡潔に指摘します。

【ポイント2　説得力UP】

We have attached your quotation and invoice. のように請求書（invoice）と見積書（quotation）を添付して証拠を示します。

【ポイント3　説得力UP】

Would you please check them, and send us the correct invoice by May 20? のように check them で 照合を依頼し、正しい請求書（correct invoice）の送付を期限を明記してお願いします。

ライティング力 UP 講座　Let's write English!　（　）内の単語を使いましょう。

1. 単価は同意した額と異なっています。
   （unit price / that which we agreed on）

2. 合計金額は同意した金額と異なっています。（total price）

3. 合計金額は1万6200ドルではなく、1620ドルのはずです。
   （should be 金額 not 金額）

4. 10％の数量割引が適用されていません。
   （volume discount of ～% / be applied）

5. お見積もり（番号3095）によると、正しい単価は30ドルではなく27ドルのはずです。（According to your quotation / correct unit price）

6. お見積もり（番号3095）によれば、品番30の単価は27ドルとなっています。（Your quotation / show）

7. 請求書では、品番30の単価は30ドルになっています。
   （Your invoice shows）

8. 弊社が注文した数量と、受領した数量が異なっています。
   （quantity / what we ordered）

9. モデルAを50商品注文し、50商品受領いたしました。
   （数 + units of Model A）

10. しかしながら、請求書の数量には60商品、合計金額は3000ドルとなっています。（quantity on one's invoice）

11. 数量は50で合計金額は2000ドルです。（should be）

12. 御社の請求書作成（処理）過程でミスがあったに違いありません（確信します）。(There must be / billing process)

13. 早急にご確認の上、請求書の再発行をお願いします。
    （reissue the invoice）

よく使う表現　模範解答

1. The **unit price** is different from **that which we agreed on**.

2. The **total price** is different from that which we agreed on.

3. The total price **should be** $1,620, **not** $16,200.

4. The **volume discount of** 10％ **was** not **applied**.

5. **According to your quotation** (No. 3095), the **correct unit price** should be $27, not $30.

6. **Your quotation** (No. 3095) **shows** that the unit price of Item No. 30 is $27.

7. **Your invoice shows** that the unit price of Item No. 30 is $30.

8. The **quantity** we received is different from **what we ordered**.

9. We have ordered and received 50 **units of Model A**.

10. However, the **quantity on your invoice** is 60, and the total price is $3,000.

11. The quantity **should be** 50 and the total price should be $2,000.

12. **There must be** some error in your **billing process**.

13. Please check them and **reissue the invoice** as soon as you can.

> 模範解答の講座

先生：生徒から、「金額が1桁間違っている」は何と言いますか？ と質問を受けます。
例を挙げてみましょう。

① 1桁少ない場合
It's missing a zero on the end. または、It's one zero short.
② 1桁多い場合
It has one zero too many.

上記の英語表現は正しいのですが、ビジネスの上では、ミスを招く可能性があります。
「The price should be ＋正しい金額， not 間違えた金額」を応用し模範解答3の The total price should be $1,620, not $16,200. （合計金額は1万6200ドルではなく、1620ドルのはずです）のように明記しましょう。

生徒：ところで模範解答7の Your invoice shows 〜. を According to your invoice 〜に書き換えられますか？
つまり A shows 〜.「A が示しますには〜」と According to A,「A によれば」は同じ意味ですか？

先生：同じ意味です A shows 〜.「A が示しますには〜」の方が簡潔ですが、どちらも使えるようになりましょう。
次にクレームによく使われる There is（are）〜 構文を簡単に説明しましょう。
クレームの場合は、焦点を個人ではなく仕事にあてるとトーンが和らぎます。
例を挙げてみましょう。

例：相手に対してレポートのミスを指摘する場合

① You made a mistake in the report.
② There is a mistake in the report.

模範解答12にも There is 構文を使いました。
There must be some error in your billing process.（請求作成の上で何らかのミスが生じたに違いありません）

生徒：There is ～構文が大切なことはわかりましたが、模範解答12の文の some error は間違いで、some errors と複数にすべきなのでは？

先生：比べてみましょう　some errors＝「いくつかの間違い」、some error＝「何らかの間違い」です。いくつかの理由は「some reasons」です。それでは「何らかの理由」は何と言いますか？

生徒：some reason です！

先生：はい、その通りです！

生徒：模範解答12に出ている billing process ですが「請求書作成（処理）過程」を意味するのですね。

先生：bill は動詞の意味も持ち「請求書を送る・勘定書きに記入する・請求書を作成する」の意味があることもしっかり覚えましょう。また、名詞では bill は「請求書」の意味もありますが、個人の電気代、ガス代、クレジットの請求などに使います。商取引の「請求書」は invoice であることをしっかり覚えましょう。

Chapter 5-2
請求書の誤りへの謝罪

> これを押えるのが決め手！

①メールに感謝する→②請求の誤りを認める→③問題の解決・対応について述べる→④謝罪する

Subject: RE: Error on Invoice No. 5324

Dear Mr. Yamaguchi:

1. Thank you for your e-mail of November 10 regarding our Invoice No. 5324.

2. As you pointed out, the total amount is $1,620.
3. This error on the invoice was caused by a malfunction in our accounting program.
4. The defects in our computer program have been corrected.

5. We have mailed you an invoice with the correct figures.
6. We have cancelled the old invoice, so please disregard it.

7. We would like to apologize for the inconvenience.
8. We assure you that this type of mistake will never happen again.

Sincerely,

Linda Wilson

> **日本語訳**

> **件名： RE：請求番号5324の誤り**
> 1. 請求書番号5324に関する11月10日付のEメールをありがとうございます。
> 2. ご指摘がありましたように合計金額は1620ドルです。
> 3. 請求書のこの誤りは会計プログラムの誤作動により生じました。
> 4. コンピュータプログラムの問題は修正されました。
> 5. 正しい金額を入れた請求書を郵送いたしました。
> 6. 旧請求書はお取消しさせていただきましたので、どうぞ古い請求書は破棄してください。
> 7. 御迷惑をおかけしたことをお詫び申し上げます。
> 8. もう二度とこのようなミスが生じないことを、お約束させていただきます。

> **ビジネスライティング説得力UP講座**

先生：請求書の誤りは重大ミスです。数字には気をつけましょう。
またミスをしたことを謝罪する場合、単に謝罪するだけではなく、このようにこれからの姿勢を記述することも大切です。

【ポイント1　丁寧度UP】
Thank you for your e-mail of +月日 regarding our Invoice No. 番号でどの請求書かはっきりします。

【ポイント2　明快度UP】
This error was caused by 〜のように誤りが生じた理由をはっきりさせます。

【ポイント3　明快度UP】
We have mailed you an invoice with the correct figures. （正しい金額を入れた請求書を郵送いたしました）で修正したことを知らせます。

【ポイント4　信頼度UP】
We assure you that this type of mistake will never happen again. などを使って、二度と同じミスを繰り返さないことを約束します。

ライティング力 UP 講座　Let's write English!　（　）内の単語を使いましょう。

1. 弊社請求書番号5324の請求ミスに対してご注意いただき、ありがとうございます。（bring one's attention to ～ / billing error）

2. 50個以上の大量注文については10％の数量割引を行う取引条件を見落としておりました。（overlook / 10％ quantity discount）

3. ご指摘がございましたように、合計金額は1800ドルでなく1620ドルです。（As you pointed out）

4. ご指摘がありましたように、正しい単価は30ドルではなく27ドルです。（correct unit price）

5. 請求価格は旧見積もりをもとに計算したことを、お詫び申し上げます。（We have to apologize to you）

6. 別のお客様宛の請求書を間違えて送付いたしました不手際を、お詫び申し上げたいと思います。（We would like to apologize for our carelessness in ～ / mistakenly）

7. 経理部の見落としによる請求書番号534のミスをお詫び申し上げます。（error on / caused by an oversight）

8. 信用取引勘定を訂正し、請求書番号534を再発行いたしました。（correct one's credit account）

9. 正しい金額を入れた請求書を再発行いたしました。（invoice with the correct figures）

10. 修正いたしました請求書を速達でお送りします。（revised invoice / by express mail）

11. お詫びの印として、次回購入時の**10%割引のクーポン券**を添付させていただきます。（As a token of apology）

12. このようなミスが起こらないように努力してまいります。
   （prevent a recurrence of this type of error）

13. 新しいコンピュータプログラムの問題は修正されましたので、もう二度とこのようなことが起こらないと保証させていただきます。
   （defects / be corrected / assure you）

よく使う表現　模範解答

1. Thank you for your letter **bringing our attention to** the **billing error** on our Invoice No. 5324.

2. We **overlooked** the **10% quantity discount** on orders of over 50 units.

3. **As you pointed out**, the total price should be $1,620, not $1,800.

4. As you pointed out, the **correct unit price** should be $27, not $30.

5. **We have to apologize to you** because the calculation of the invoice price was based on an old quotation.

6. **We would like to apologize for our carelessness in mistakenly** sending you an invoice for another client.

7. We have to apologize for the **error on** your Invoice No. 534 **caused by an oversight** in the accounting department.

8. We have already **corrected your credit account** and reissued Invoice No. 534.

9. We have reissued an **invoice with the correct figures**.

10. We will send the **revised invoice by express mail**.

11. **As a token of apology**, we have attached a coupon for 10% off your next purchase.

12. We will make every effort in order to **prevent a recurrence of this type of error**.

13. The **defects** in our new computer program have **been corrected**, so we **assure you** that this kind of mistake will never happen again.

> 模範解答の講座

先生：模範解答1 Thank you for your letter bringing our attention to the billing error on our invoice. の bringing one's attention to ～（～に注意を向けさせる）の～には通常、注意事項が入ります。誤りなどの問い合わせで使われるイディオムなので、しっかり覚えましょう。Chapter 7-3でも学習します。

Chapter 5-1で学習した決まり表現 The price should be ＋ 正しい金額, not 間違えた金額 を使って模範解答3と4を書けるようになりましたか？

生徒：はい、何度も復習することで書けるようになりました。
模範解答5と7に We have to apologize for ～が使われていますが、心から謝っていない義務的な印象を受けてしまうのですが。

先生：それは大きな誤解です。
We have to apologize to you ～. が誠意のある謙遜表現となります。
We would like to apologize to you ～. が丁寧な謝罪の定番表現です。

生徒：なるほど！ 勉強になりました。
本文Eメールの3. This error on the invoice was caused by a malfunction in our accounting program.（この誤りは会計プログラ

ムの誤作動により生じました）を読んで思うのですが、やはり受け身が使われていますね。

先生：そうですね。誤りの原因を説明する時も、誤りの指摘をする時と同様、受け身の方がトーンが和らぎます。

ミスをした時は、その原因を明らかにすることが大切です。数量を間違えた場合や商品を間違えて送った場合の対処方法も、その原因を明らかにしましょう。

その方が信用関係が成り立ちます。

生徒：模範解答13 The defects in our new computer program have been corrected, so we assure you that this kind of mistake will never happen again.（新しいコンピュータプログラムの問題は修正されましたので、もう二度とこのようなことが起こらないと保証させていただきます）のフレーズは、とても説得力がありますね。

先生：Chapter 5-6で学習しますが、原因が究明できていなくても早急の手段をとらなければならない場合は We are not sure why this occurred and we are currently looking into this matter.（なぜ、このような状況が生じてしまったのかわかりませんので、この件に関しては調査中です）と書いた上で、誤りに対処しましょう。この例文については Chapter 5-6のE メール本文2でももう一度とりあげます。

Chapter 5-3
商品の未着を伝える

> これを押えるのが決め手！

①商品の未到着を伝える→②注文の詳細→③納品手配を依頼→④キャンセルを警告

Subject: Delayed delivery (Item No. 985)

Dear Ms. Abbot:

1. We would like to bring your attention to the fact that our order has not arrived yet.

2. The details of our order are as follows:
   Order No: 3456
   Order Date: February 4
   Product Name: Century Digital Camera 985 (Item No. 985)
   Quantity: 200

3. According to your e-mail on February 5, we were scheduled to receive the order by February 15.
4. Please advise us of the status of our order and let us know the reason for the delay.

5. If the shipment doesn't arrive by February 25, we will have to cancel the order and request a refund.

Sincerely,
Kenji Watanabe

> 日本語訳

件名： 配達遅延（品番985）

1. 注文品がまだ納入されておりませんので、ご連絡させていただきます。
2. 注文の詳細は下記の通りです。
   注文番号：3456
   注文日：2月4日
   製品名：Century Digital Camera 985（品番985）
   数量：200
3. 2月5日にいただいたEメールでは、注文品を2月15日までには受領できる予定でした。
4. 注文の処理状況と遅延理由についてお知らせください。
5. 2月25日までに配送できないようでしたら、注文をキャンセルし払い戻しをリクエストせざるを得ません。

> ビジネスライティング説得力UP講座

【ポイント1　明快度UP】
|We would like to bring your attention to the fact that ～|で読み手の注意をひいて注文品が到着していないことを知らせます。この場合 **Order No:**（注文番号）**Order Date:**（注文日）　**Product Name:**（製品名）や **Item No:**（品目番号）　**Quantity:**（数量）を箇条書きすると、わかりやすいです。

【ポイント2　説得力UP】
We were scheduled to receive the order by ～と、～に本来の到着予定日を明記します。

【ポイント3　説得力UP】
Please advise us of the status of our order and let us know the reason for the delay. で注文の処理状況（the status of the order）と遅延理由(the reason for the delay)を問い合わせます。指定期日まで配送できないようならキャンセルする旨を告げると、説得力があります。

ライティング力UP講座　Let's write English!　（　）内の単語を使いましょう。

1. 注文番号3546がまだ到着しておりませんので、ご連絡させていただいております。（We would like to bring your attention to the fact that＋主語＋動詞）

2. 注文の品は2月15日までには着く予定でした。
   （Our order / be scheduled to be delivered）

3. 注文品の現在の処理状況について、できるだけ早くお知らせください。
   （advise＋人＋of＋〜 / status of our order）

4. どうぞ現在の配送状況を、至急ご確認ください。
   （current status of the shipment）

5. 直ちに発送できないようでしたら、返金を請求せざるを得ません。
   （request a refund）

よく使う表現　模範解答

1. **We would like to bring your attention to the fact that** our Order No. 3546 has not arrived yet.

2. **Our order was scheduled to be delivered** by February 15.

3. Please **advise** us **of** the **status of our order** as soon as possible.

4. Please advise us of the **current status of the shipment** immediately.

5. If you are unable to ship immediately, we will have to **request a refund.**

模範解答の講座

生徒：模範解答3の advise us of the status of our order は「私たちに注文のアドバイスをする」だと思っていました。

先生：advise ＋人＋ of ～は、ビジネスライティングでよく使われます。「人に～を知らせる」を意味します。この場合は「現在の注文の処理状況を知らせる」を意味します。advise は動詞です。名詞の advice とスペルを書き間違わないようにしましょう。

Chapter 5-4
納品遅延に対する返事

> これを押えるのが決め手！

①配送遅延状況を説明し謝罪する→②配送日を記す→③再び謝罪する

Subject : RE : Delayed delivery (Item No. 985)

Dear Mr. Watanabe:

1. We received your e-mail regarding the shipment (Order No. 3456) this morning.

2. I called you about this mix-up on our side but you were out of the office, so I am writing to apologize for the delay in shipping.
3. I am afraid there has been a mistake by our shipping department.
4. Your order will be shipped this afternoon and should reach you by February 25.

5. We assure you that this kind of mistake will never happen again.
6. We apologize again for the delay and appreciate your patience in this matter.

Sincerely,

Eri Abbot

> **日本語訳**
>
> 件名： RE：配達遅延（品番985）
> 1．出荷（注文番号：3456）についてのEメールを今朝、受け取りました。
> 2．弊社のこの手違いについて謝罪するためにあなたにお電話を差し上げましたが、お留守でしたので謝罪のメールを書かせていただいております。
> 3．この遅れは配送部のミスによるものです。
> 4．ご注文品は本日午後出荷いたしますので、2月25日には到着する予定です。
> 5．このようなことは二度と起こらないと、お約束いたします。
> 6．再度、遅延を謝罪いたしますとともに、ご辛抱いただいておりますことを感謝いたします。

ビジネスライティング説得力 UP 講座

【ポイント1　明快度 UP】

注文番号を記しどの注文の謝罪かを明確に記述しましょう。
遅延の原因がわかり出荷の見通しが立てば、電話で謝罪することも大切です。相手方が留守の場合は、電話した旨も書きましょう。

【ポイント2　説得力 UP】

配送遅延の理由を問われているのですから、遅延の理由を、例えば I am afraid there has been a mistake by our shipping department. と説明しましょう。There has been a mistake by ～の～に、行為者を入れましょう。

【ポイント3　明快度 UP】

注文品の発送日時を入れて到着予定日も記述しましょう。例：Your order will be shipped 日時 A and should reach you by 日時 B. （御社のご注文は、日時 A に出荷し日時 B までには到着する予定です）

【ポイント4　説得力 UP】

Chapter 5-2のEメール本文にもありますが We assure you that this type of mistake will never happen again. などを使って、二度と同じミスを繰り返さないことを約束します。

ライティング力 UP 講座　Let's write English!　（　）内の単語を使いましょう。

1. 輸送中に問題がございました。
   （I am afraid / in transit）

2. 当方の記録によりますと2月10日に発送しておりますので、御社の事務所に数日以内に到着いたします。（**Our records show / should arrive at** ～）

3. ご注文の品はすでに発送されておりますので、数日以内にお手元に到着します。（**be on its way**）

4. ご注文が2月20日までにお客様の事務所に届くことを、お約束いたします。（**We assure you that** 主語＋動詞）

5. ご注文の品は2月10日に発送いたしましたが、住所ラベルが不完全であったため運送業者が配達できませんでした。
   （ship / address label / incomplete）

6. 当方の記録によりますと、ご注文は2月5日に発送され2月11日にお客様の工場に到着しています。（**be shipped on**）

よく使う表現　模範解答

1. **I am afraid** that there has been a problem **in transit**.

2. **Our records show** that your order was shipped on February 10 and **should arrive at** your office within a few days.

3. Your order **is** now **on its way** and should arrive in a few days.

4. **We assure you that** your order will arrive at your office by February 20.

5. We **shipped** your order on February 10. However, our shipping company was unable to deliver it, as the **address label** was **incomplete**.

6. Our records show that your order **was shipped on** February 5 and arrived at your factory on February 11.

> 模範解答の講座

先生：模範解答1のように There have been ～構文で～にミスの原因を入れることができましたか？

生徒：はい。Chapter 5-1で There have been ～構文について教えていただきましたから。

先生：納品遅延などの問い合わせがある場合は、模範解答2の Our records show that 主語＋動詞. のように記録を示して説明することが大切です。

生徒：なるほど！ 模範解答4の We assure you＋that 主語＋動詞. はいろいろ応用できそうですが、もう少し詳しく教えてほしいです。

先生：that 節の内容が確かであることを伝えます。そしてその内容に対する相手の不安を取り除きます。

生徒：We assure you that your order will arrive at your office by February 20. と返事をいただければ、注文品は絶対に2月20日までに到着するのだと安心できますね。

先生：次に模範解答6に注目してください。謝罪文ではなく商品を発送している事実を書いています。相手から「商品が届かない」と苦情が来ても商品が届いている場合もあるので慎重に check してから対処しましょう。

Chapter 5-5
品物の数量が不足している・超過している

> これを押えるのが決め手！

①荷物の受領 →②商品不足指摘→③不足数の送付を求める

Subject : Product shipment for Order No. 5678

Dear Ms. Johnson:

1. We received the shipment (Order No. 5678) today.
2. However, upon checking the contents, we found that 10 out of the 100 hair dryers (Item No. 876) on your Invoice No. 1298 were missing.
3. We have already advertised them as featured products for the grand opening ceremony of our Takatsuki store on October 10.
4. Please arrange delivery of the remaining 10 hair dryers to us by air freight at your expense by October 5.
5. We expect your prompt attention to this matter.

Sincerely,

Taro Hasegawa

> 日本語訳

> **件名： 注文番号5678の発送品**
> 1．本日、荷物（注文番号5678）を受領いたしました。
> 2．しかしながら、内容を確認しましたところ、納品書（請求書）番号1298に記載されたヘアドライヤー（品番．876）の数量100台のうち10台の不足が判明しました。
> 3．弊社では、すでに高槻店の10月10日のグランドオープニングセレモニーにて目玉商品として宣伝しております。
> 4．不足しているヘアドライヤー10台を、費用は御社もちで10月5日までに到着するように、直ちに航空便で送付の手配をお願いします。
> 5．この件に関しまして、迅速にお取り計らいいただけるものと期待しております。

> ビジネスライティング説得力UP講座

先生：着荷が多かった場合の英語のフレーズは、ライティング力UP講座で学習しましょう。

【ポイント1　説得力UP】
upon checking the contents（内容を確認しましたら、すぐに）と upon 〜 ing を使って内容を確認して、すぐに不足分がわかったことを記します。

【ポイント2　明快度UP】
Order No.（注文番号）Invoice No.（送付状番号）、Item No.（品番）を書きます。

【ポイント3　説得力UP】
不足分の対応策、Please arrange delivery of the remaining ＋ 不足数 ＋ 商品名 ＋ by 配送方法 ＋ 費用の負担（at your expense）＋ by 期日を明記します。

ライティング力 UP 講座　Let's write English!　（　）内の単語を使いましょう。

（4〜6までは注文数より超過して受領した場合のフレーズです）

1. 内容を確認しましたところ、Java コーヒー200パック中の12パックが不足していることがわかりました。(Upon checking the contents / missing)

2. 御社の送り状 No. 8567と着荷をチェックしましたら、12パックの Java コーヒーが不足しているとわかりました。(Upon checking A against B / goods received)

3. 速やかに残りの12パックの Java コーヒーを御社の負担でご送付ください。(remaining / at your expense)

4. 内容を確認しましたら、200パックの Java コーヒーを注文したのですが 250パック受領したことがわかりました。(Upon checking the contents)

5. 超過分の Java コーヒーを50％引きにしてくださるなら、この超過配送品を購入いたします。(reduce the price by 〜% / excess shipment)

6. 50パックの Java コーヒーを着払いで返品いたします。(at your expense)

よく使う表現　模範解答

1. **Upon checking the contents**, we found that 12 out of the 200 packs of Java coffee were **missing**.

2. **Upon checking** the **goods received against** your Invoice No. 8567, we found 12 packs of Java coffee were missing.

3. Please send the **remaining** 12 packs of Java coffee **at your expense**.

4. **Upon checking the contents**, we found that we had received 250 packs of Java coffee, though we had ordered 200 packs.

5. If you **reduce the price** of the Java coffee **by** 50％, we will accept this **excess shipment**.

6. We will return the 50 packs of Java coffee **at your expense**.

> 模範解答の講座

先生：決まり表現 Upon checking ～.（～をチェックするとすぐに）が使いこなせるようになりましょう！製品が届いたらすぐにチェックすることが大切です。
また2の goods received（着荷）も覚えましょう。

生徒：模範解答1でも模範解答2でも「不足している」missing が進行形で使われていますね。

先生：「（人・物）」が必要な物を欠いている場合は進行形を使うこともしっかり覚えましょう。

Chapter 5-6
品物の数量の不足・過剰の場合の謝罪文

> これを押えるのが決め手！

①商品不足指摘へのお礼→②発送と予想到着日→③結び

Subject: RE: Product shipment for Order No. 5678

Dear Mr. Hasegawa:

1. Thank you for your e-mail informing us of the short shipment on your Order No. 5678.

2. We are not sure why this occurred and we are currently looking into the matter.

3. We have arranged delivery of the missing items, 10 hair dryers, by a two-day air delivery service.
4. The consignment should arrive at your company by October 5.

5. We would appreciate your understanding and patience.

Sincerely,

Mary Johnson

日本語訳

件名： RE：注文番号5678の発送品

1. 注文番号5678の数量不足に対するお知らせ、ありがとうございます。
2. なぜ、このような状況が生じてしまったのかわかりませんので、この件に関しては調査中です。
3. 不足分のヘアドライヤー10台につきましては、2日で到着する航空便で発送するように手配いたしました。
4. 配送品は10月5日までには到着いたします。
5. ご理解とご容赦をお願い申し上げます。

ビジネスライティング説得力 UP 講座

先生：不足分送付は、取引先との信頼関係があってこそ成立します。

【ポイント1　信頼度 UP】
商品不足の原因がまだ解明されない場合は、We are currently looking into the matter（現在調査中です）と調査している旨を伝えます。

【ポイント2　信頼度 UP】
輸送方法を述べ The consignment should arrive at your company by October 5. 期日通り届くことを伝え、理解を求めます。

ライティング力 UP 講座　Let's write English!　（ ）内の単語を使いましょう。

1. 不足分の10商品に関しては10月5日までに御社に到着するように手配いたしました。（arrange delivery of 〜 / missing item）

2. 不足分の10商品に関しては10月5日までに御社の倉庫に届くように手配いたしました。（remaining item / warehouse）

3. 不足商品は発送いたしましたので、10月5日までには御社に到着する予定です。（be on their way / should arrive）

4．配送品は御社に10月5日までには到着するはずです。
　（consignment / be delivered）

5．超過品をお引き受けいただける場合は40％割引でご提供させていただきます。
　（accept the excess items）

6．超過品は弊社負担にてご返送ください。（at our expense）

> よく使う表現　模範解答

1．We have **arranged delivery of** the 10 **missing items** to your company by October 5.

2．We have arranged delivery of the 10 **remaining items** to your **warehouse** by October 5.

3．The missing items **are on their way to** your company and **should arrive** by October 5.

4．The **consignment** should **be delivered** at your company by October 5.

5．If you **accept the excess items**, we would like to offer a discount of 40％.

6．Please return the excess items **at our expense**.

> 模範解答の講座

先生：模範解答1と2でも練習しましたが決まり表現 arrange delivery of ～「～の配達の手配をする」の表現が定着しましたか？
生徒：はい！ 質問ですが、missing item「不足の品」と remaining item「不足の品」は入れ替え可能ですか？
先生：OK ですよ！
生徒：arrive も be delivered も同じですか？
先生：同じです。

Chapter 5-7
間違った品物が送られてきた場合

これを押えるのが決め手！ ①商品の受領→②商品の間違いを指摘→③正しい注文商品の送付を求める→④誤送品対処方法を聞く

Subject: Shipment of Order No. 8509

Dear Mr. Elwood:

1. Your shipment arrived today.

2. We ordered 200 units of coffee bean roasters (our Order No. 8509, your Invoice No. 345).

3. Upon checking the contents, we found that Item No. 787 was delivered instead of No. 788.

4. Our business relationships with our retailers may be affected unless you deliver them by June 15.

5. Please arrange delivery of the correct items to us at your expense by June 15.

6. I have attached copies of our Order No. 8509 and your Invoice No. 345.

7. Please give us instructions for returning the wrong items.

Sincerely,
Kiyotaka Makino

日本語訳

件名： 注文番号8509の発送品

1. 御社が出荷してくださった商品が本日到着いたしました。
2. 弊社は200台のコーヒー豆焙煎機（弊社の注文番号8509、御社の請求書番号345）を注文いたしました。
3. 中身をチェックしましたら、商品番号788ではなく商品番号787が配達されたことが判明いたしました。
4. 6月15日までに配達していただけないと、小売業者と弊社の関係が悪くなります。
5. 注文商品が6月15日までに御社払いで届くように、手配していただけませんでしょうか？
6. 弊社の注文書番号8509、御社の送り状345のコピーを添付させていただきます。
7. 誤配品の返品に関するご指示をいただきたいと思います。

ビジネスライティング説得力UP講座

先生：品物が不足している場合の対処方法をChapter 5-6で学習しましたので、復習になりましたね。

【ポイント1　信頼度UP】
Upon checking 〜. つまりすぐにチェックしたことを記すのが大切です。

【ポイント2　明快度UP】
Please give us instructions for returning the wrong items. と誤配送品に対する指示を求めます。

ライティング力UP講座　Let's write English! （　）内の単語を使いましょう。

1. 本日、配送品を受領しましたが、間違った商品が送られてきました。
（shipment / wrong items）

2. 着荷品を確認しましたところ、商品番号6987ではなく7987が送られてき

たことがわかりました。(goods delivered / A was delivered instead of B)

3. 誤配送品の取り扱いについてお知らせください。
(how to handle / incorrect shipment)

よく使う表現　模範解答

1. We received the **shipment** today, but the **wrong items** were sent.

2. Upon checking the **goods delivered**, we found that Item No. 7987 **was delivered instead of** Item No. 6987.

3. Please let us know **how to handle** the **incorrect shipment**.

模範解答の講座

先生：模範解答2でも練習しましたが Upon checking 〜,（〜をチェックするとすぐに）が身に付きましたか？

生徒：はい。Upon checking the contents（内容をチェックすると）と、Upon checking the goods delivered（着荷品をチェックすると）のどちらの方がよいですか？

先生：どちらでも OK です。少し難しいですが、There is a discrepancy between the goods received and the goods entered on our order XXX（着荷品と注文番号 XXX に記された商品の間に、食い違いがあります）も覚えましょう。

Chapter 5-8
間違った商品を送付した場合の謝罪

> これを押えるのが決め手！

①謝罪→②原因を記す→③迅速に注文品を送る旨を記す→④誤送品の対処方法を記す→⑤再び謝罪して結び

Subject: RE: Shipment of Order No. 8509

Dear Mr. Makino:

1. We would like to apologize for having sent you the wrong items (Item No. 787).

2. We have looked into the cause, and found that it was a clerical error in the shipping department.

3. As I mentioned to you on the phone, we will send you 200 coffee bean roasters (Item No. 788) tomorrow so that they will reach you by June 15.
4. We would appreciate it if you could return the 200 coffee bean roasters (Item No. 787) at our expense.

5. We will make every effort to prevent a recurrence of this mistake.
6. Again, we apologize for the inconvenience this may have caused you.

Sincerely,

David Elwood

日本語訳

件名： RE：注文番号8509発送品

1. 間違った商品（商品番号787）をお送りしてしまいまして、申し訳ございません。
2. この件に関する原因を調査いたしまして、これは配送部の事務的なミスにより生じてしまったことがわかりました。
3. お電話でお話しいたしました通り、200機のコーヒー豆焙煎機（商品番号788）を6月15日までには到着しますように、明日発送させていただきます。
4. 200台のコーヒー豆焙煎機（商品番号787）を弊社負担でご返却いただければと思います。
5. 今後はこのようなことが起こらないように、最善を尽くします。
6. この件でご迷惑をおかけいたしましたことを、重ねてお詫び申し上げます。

ビジネスライティング説得力UP講座

先生：全品、間違えた商品を配送してしまった場合は、物によっては返品配送料が高いです。もちろん心から謝罪することが大切ですが、場合によっては特別割引価格で顧客に購入を促すことも大切なので、ライティング講座で学習しましょう。

【ポイント1　明快度UP】

We would like to apologize for having sent you the wrong items. で、間違った商品を送付したことを謝罪します。

【ポイント2　明快度UP】

We have looked into the matter, and found that 主語＋動詞. の文で、原因を調査してその原因が究明できた旨を明記します。

【ポイント3　信頼度UP】

So that they will reach you by ～. ～までに到着するように迅速に送る旨を記します。

【ポイント4　信頼度UP】

We would appreciate it if you could return ～ at our expense. の～に品

5・苦情と対処方法

名を入れて弊社負担で返品してもらうようにお願いします。

【ポイント5　信頼度UP】

We will make every effort to prevent a recurrence of this mistake.（今後はこのようなことが起こらないように最善を尽くします）と約束します。

ライティング力 UP 講座　Let's write English!　（ ）内の単語を使いましょう。

1. 本件を調査したところ、製品番号が似ていたので間違えて、ご注文いただいた商品とは違うものを送っていたことが判明いたしました。
（look into the matter / similar）

2. 本件を調査いたしましたところ、倉庫で手違いがあったことがわかりました。（mix-up / warehouse）

3. 誤配品（品番787）をお引き受けいただける場合は40％引きでご提供させていただきます。（accept the wrong items）

4. これ以上お客様にご迷惑をかけたくございませんので、どうぞ、今回の誤配品を私どものお詫びの印としてお納めください。（trouble you any further）

5. 誤送品（品番787）はご注文配送時に回収するように手配いたしました。
（arrange for the wrong items to be returned）

6. 誤配品は、弊社の送料、梱包料負担にてご返却ください。
（with shipping and packing fees at our expense）

よく使う表現　模範解答

1. We have **looked into the matter** and found that we mistakenly sent the wrong items, because the item numbers were **similar**.

2. We have looked into the matter and found out there was a **mix-up** in the **warehouse**.

3. If you could **accept the wrong items**（Item No. 787）, we would like to offer 40％ off on these items.

4. Please accept these wrong items for free as a token of apology, since we would not like to **trouble you any further.**

5. I have **arranged for the wrong items**（Item No. 787）**to be returned** on delivery of your order.

6. Please return the wrong shipment（items）**with shipping and packing fees at our expense**.

> 模範解答の講座

先生：模範解答1と2でも練習しましたが、決まり表現の We have looked into the matter and found out that 〜．「本件を調査した結果〜であることがわかりました（見つかりました）」が定着しましたか？

生徒：はい！「誤送品」は wrong shipment でも wrong items でもどちらでもいいのですか？

先生：文の中で持つ意味は同じです。wrong shipment は集合名詞で wrong items は具体的です。

Chapter 5-9
品質不良

> これを押えるのが決め手!
>
> ①商品受領を伝える→②点検の結果見つけた不良品を伝える→③写真の添付→④対処方法を聞く

Subject: Order No. 3456, defective products

Dear Ms. Ashbury:

1. We received Order No. 3456 for the Men's Jacket (Item No. 867) this morning.

2. We are sorry to inform you that we were disappointed with the quality of the products.
3. After inspecting the products we found that 12 out of the 100 were defective.
4. The fabric of ten out of the 100 jackets is unevenly woven.
5. The fabric of two out of the 100 jackets is torn in several places.

6. Attached are pictures of the defective jackets.
7. Please let us know what to do with these products.

Sincerely,

Emiri Uda

日本語訳

> **件名： 注文番号3456. 不良品**
>
> 1. 注文番号3456の男性用ジャケット（品番867）を本日受け取りました。
> 2. お伝えするのは残念ですが、製品の品質に失望しております。
> 3. 製品を検品いたしまして100着中12着が不良品だと判明いたしました。
> 4. 100着中10着は織りムラがあります。
> 5. 100着中2着のジャケットの布は数か所が破れていました。
> 6. 不良品のジャケットの写真を添付させていただきます。
> 7. これらの商品にどのように対処したらよろしいか、どうぞお知らせください。

ビジネスライティング説得力 UP 講座

【ポイント1　信頼度 UP】
注文番号と品番を明記し受領した日にメールを出します。

【ポイント2　説得力 UP】
Attached are pictures of the defective jackets.（不良品のジャケットの写真を添付させていただきます）で事実確認ができます。

ライティング力 UP 講座　Let's write English!　（　）内の単語を使いましょう。

1. お伝えするのは残念ですが、18着の不良品を見つけました。
   (We are sorry to inform you / defective items)

2. 3製品にわずかな織りムラを見つけました。
   (We found / be unevenly woven)

3. 1枚のスカートの生地が、数か所破れていることを見つけました。
   (be torn in several different places)

4. 100枚のシャツのうち11枚のシャツには、シミがあることを見つけました。

（stain）

5. 100枚のシャツのうち15枚には、ほつれがあることを見つけました。
（be frayed）

6. 100製品中30製品が変色していることを見つけました。
（become discolored）

7. 部品はフレームに正しく取り付けられていなかったため、輸送の途中で外れていたことがわかりました。（be attached to / come off）

8. 中サイズのフライパン2製品にへこみがあるのを見つけました。
（be dented）

9. 出荷前に、商品をもっと丁寧に点検してください。（before shipping）

よく使う表現　模範解答

1. **We are sorry to inform you** that we found 18 **defective items**.

2. **We found** that three items **were** somewhat **unevenly woven**.

3. We found that the fabric in one skirt **was torn in several different places**.

4. We found that 11 out of the 100 shirts had **stains**.

5. We found that 15 out of the 100 shirts **were frayed**.

6. We found that 30 out of the 100 products had **become discolored**.

7. We found that some parts had not **been** correctly **attached to** the frame, and **had come off** during shipping.

8. We found that two medium-sized frying pans **were dented**.

9. Please inspect the products more carefully **before shipping**.

| 模範解答の講座 |

生徒：2〜9の文に Upon checking the contents（内容をチェックするとすぐに）を入れた方がよいのでは？

先生：いい点に気づきましたね！ 特に商品の不足の場合や、不良品を知らせるには Upon checking the contents が大切です。
このEメール本文の場合だと、本日受領しましたと明記してすぐに苦情のメールを入れていることがわかるので Upon checking the contents、は省略しても大丈夫です。

Chapter 5-10
梱包改善の要求

> これを押えるのが決め手！

①商品受領を伝える→②商品の破損状態を伝える→③写真の添付→④対処方法を聞く

Subject: Problem with Order No. 5432

Dear Mr. Wax:

1. We received our Order No. 5432 (Item No. 3987) this morning.

2. We are sorry to inform you that 12 out of the 70 items arrived wet.
3. The next time you ship us products, please cover them with plastic sheets.

4. It turned out that these products got wet on the way to our company from the airport, so our insurance company will cover it.
5. However, it is time-consuming for us to go through the procedures to receive compensation.

6. Attached are pictures of the damaged items.
7. We kindly request that this kind of thing will never happen again.
8. Please let us know what to do with the wet products.

Sincerely,

Sumire Takada

日本語訳

件名： 注文番号5432の問題

1. 今朝、弊社の注文番号5432（品番3987）を受領いたしました。
2. お伝えするのは残念ですが、70商品中12商品が濡れていました。
3. 次回、製品を発送してくださる際にはビニールのシートでカバーしてください。
4. これらの製品は空港から弊社に配送される途中で濡れたことが判明いたしましたので弊社の保険会社が損失補てんいたします。
5. しかしながら、保険金請求の手続きをするのは面倒なことでもあります。
6. 傷んだ商品の写真を添付いたします。
7. このようなことが二度と起こらないようにお願いします。
8. 濡れた製品をどのように対処したらよいか、お知らせください。

ビジネスライティング説得力UP講座

【ポイント1　信頼度UP】
We received our Order No. 5432 (Item No. 3987) this morning. のように注文番号と品番を明記し、受領した日にメールを送ります。

【ポイント2　説得力UP】
Attached are pictures of the damaged items. （傷んだ商品の写真を添付させていただきます）で事実確認ができます。

【ポイント3　丁寧度UP】
Please let us know what to do with the 〜. （〜をどのように対処したら良いかお知らせください）で対処法を聞きます。

ライティング力UP講座　Let's write English!　（　）内の単語を使いましょう。

1. グラス20個の内5個にひっかき傷があるのを見つけました。
   (We found / be scratched)

2. 50個中、縁が欠けているカップ5個を見つけました。(chipped rims)

5・苦情と対処方法

3. コンテナの中のパッケージは押しつぶされていました。(be crushed)

4. このことは、不注意な取り扱いと不十分な梱包によって生じたかもしれません。(careless handling / inadequate packaging)

5. 御社の製品は FOB で購入しておりますので、弊社が使っております保険会社が損失をカバーします。(purchase your products FOB)

6. しかしながら保険金請求の手続きは煩わしいことです。(procedures for compensation)

7. このようなことが二度と起こらないように、もっと多くの緩衝剤を入れてください。(more packing)

よく使う表現　模範解答

1. **We found** that five out of the 20 glasses **were scratched**.

2. We found that five out of the 50 cups had **chipped rims**.

3. The packages in the containers **were crushed**.

4. This may have been caused by **careless handling** and **inadequate packaging**.

5. We **purchase your products FOB**, so the insurance company we use will cover the damage.

6. However, the **procedures for compensation** are troublesome.

7. Please use **more packing** so that this will not happen again.

> **模範解答の講座**

先生：決まり表現 We found that ＋主語＋動詞を Chapter 5-8、5-9に続いてここでも学習しましたが身に付きましたか？

生徒：はい！ 緩衝材は packing と言うのですね。

先生：Chapter 4-8でも取り上げましたが、他に cushioning material、buffer material、pad、shock absorber などの表現があります。
緩衝材包装は cushioning packaging と言います。
FOB では買い手の保険会社が破損をカバーし、CIF では売り手の保険会社が破損をカバーしますね。しかし、それは時間の無駄なので必ず、梱包改善を要求しましょう。

Chapter 5-11
商品が交換可能の場合

> これを押えるのが決め手！
>
> ①不良品送付の謝罪→②原因の説明→③二度と同じ間違いを起こさないことを約束する→④今後のビジネス関係の継続を希望する→⑤今後の品質と点検管理の改善要求

Subject： RE: Order No. 3456, defective items

Dear Ms. Uda:

1. We would like to apologize for having sent you 12 defective items (Item No. 867).
2. We have inspected our inventory and found that some other products have the same problem.
3. We are sorry, but not only our factory quality control but also our inspections were inadequate.
4. We reported this problem to the quality control department and they say they will carry out thorough inspections to achieve zero defects.
5. We will ship replacements at our expense this afternoon.
6. Our shipment should arrive at your store around November 4.
7. We have arranged for the defective items (Item No. 867) to be returned on delivery of your order.
8. We hope you will give us the opportunity to continue serving you.
9. We will make every effort to ensure this kind of problem will never arise again.

Sincerely,
Tina Ashbury

> 日本語訳

> **件名： RE：注文番号3456不良品**
> 1. 欠陥商品（品番867）12着をお送りしたことを、お詫び申し上げます。
> 2. 在庫を点検しましたら、同じような問題のある商品を見つけました。
> 3. 工場の品質管理だけでなく私共の点検も完全なものでなかったことを、お詫び申し上げます。
> 4. この問題を品質管理部に報告しましたところ、欠陥品ゼロを目指して徹底的に点検するとのことです。
> 5. 交換の品を、弊社の費用で本日午後発送させていただきます。
> 6. 弊社製品は御社へ11月4日頃に到着予定です。
> 7. 欠陥品（品番867）はご注文配送時に回収するように手配いたしました。
> 8. 今後とも貴社にサービスを提供させていただけますことを、願っております。
> 9. このようなことが二度と起こらないように、努力いたします。

> ビジネスライティング説得力UP講座

【ポイント1　明快度UP】

We would like to apologize for having sent you 12 defective items (Item No. 867).と品番を明記して謝罪します。

【ポイント2　信頼度UP】

We reported this problem to the quality control department.で品質管理部に報告した旨を知らせ、品質管理部が万全を期す旨を述べます。

【ポイント3　信頼度UP】

We hope you will give us the opportunity to continue serving you.と今後の関係の継続を願いつつ、We will make every effort to ensure this kind of problem will never arise again.と二度と同じ間違いを起こさないように努力する旨を記します。

ライティング力 UP 講座　Let's write English!　（　）内の単語を使いましょう。

1. 不良品を点検させるために、品質管理部に送ります。
   （defective items / for inspection）

2. ご迷惑をおかけして申し訳ございませんが、不良品のジャケットは処分してくださいませんでしょうか？（dispose of）

よく使う表現　模範解答

1. We will send the **defective items** to our quality control department **for inspection**.

2. We are sorry to trouble you, but could you please **dispose of** the defective jackets?

模範解答の講座

先生：衣料品など工場の品質管理部でのチェックだけでなく、サプライヤーでの在庫点検（inventory inspection）で欠陥品を見つけることも大切です。

生徒：模範解答2で使われている dispose of の意味には、「処分する・売却する」などの意味があると思うのですが、「売却する」の意味もありますね。

先生：dispose を「売却する」の意味で使うのは、資産や持ち株の場合です。模範解答2では「処分する」を意味します。

Chapter 5-12
製品が交換不可の場合

これを押えるのが決め手！ ①リクエスト受領→②リクエストに応じられないこととその理由を記す→③代替案を出し新しい注文へつなぐ

Subject : Super CD Box repair

Dear Mr. Garcia:

1. I am writing in reply to your inquiry about the damaged product.
2. Unfortunately the two-year warranty on your Super CD Box expired last month, so we are unable to repair it for free or exchange it as you requested.
3. Furthermore, the Super CD Box has been discontinued.

4. We would have to order the parts from a factory in India, and they would take approximately 10 days to arrive.
5. The estimated price for the repairs could be as much as $400.
6. It would certainly be more expensive to repair it than to buy a new CD player.
7. Please let me know if you wish to go ahead with the repairs.

8. Attached is a catalogue in which you can find our new series of CD players.

Sincerely,
Masumi Oboshi

日本語訳

件名： Super CD Box 修理

1. 破損製品についてのお問い合わせの連絡をさせていただいています。
2. 申し訳ないのですが、あなたの Super CD Box の2年の保証期限は先月終了しましたので、ご要望のように修理することも、交換することもできません。
3. さらに Super CD Box は製造中止になっております。
4. インドの工場に部品を注文しなければなりませんので、部品がこちらに着くまで約10日間かかります。
5. 修理の見積もり価格は400ドルかかるかもしれません。
6. 修理価格は新しい CD プレーヤーを購入するよりも高くなってしまうでしょう。
7. 修理されるかどうか、お知らせください。
8. 弊社の新しい CD プレーヤーのカタログを添付させていただきます。

ビジネスライティング説得力 UP 講座

【ポイント１　明快度 UP】

I am writing in reply to your inquiry about the damaged product. で破損商品に対する返事であることを明記します。

【ポイント２　説得力 UP】

製品交換や無料修理できない場合は理由（誤用・製造中止・製造期限切れ）をはっきり記します。保証期限が過ぎている場合は Unfortunately から始め、the ～ year warranty expired を知らせます。

【ポイント３　説得力 UP】

Attached is a catalogue ～で、新シリーズのカタログを送付して新しい製品の販売につなげましょう。

ライティング力 UP 講座　Let's write English!　（　）内の単語を使いましょう。

1. 2年間の保証期間が過ぎているので、修理代を請求しなければなりません。
（expired）

2. 製品 X を点検させるために、品質管理部に送りました。（for inspection）

3. 製品 X は、間違った方法で使用されたことが判明いたしました。
（It turned out / had been misused）

4. 弊社の修理の専門家が、製品 X は間違った方法の使用で破損したとの結論を出しました。（found / had been damaged by improper use）

5. 間違った方法で使用されていたので、この保証は生じた破損をカバーいたしません（warranty / be misused）

6. しかしながら、貴社ご負担の修理はできます。（at your expense）

よく使う表現　模範解答

1. The two-year warranty period has **expired**, so we have to charge for the repair.

2. We sent Product X to our quality control department **for inspection**.

3. **It turned out** that your Product X **had been misused**.

4. Our repair specialist **found** that Product X **had been damaged by improper use**.

5. This **warranty** does not cover this damage, because it has **been misused**.

6. However, we can repair it **at your expense**.

模範解答の講座

先生：保証（**warranty**）が切れた（**expired**）場合は修理は無料でできませんし、交換もできません。

生徒：その他、**improper use**「不適切使用」や **misuse**「誤用」された場合は保証期間中（**under warranty period**）でも、無料の修理や交換も不可ですね。

先生：保証期間内の修理（**in-warranty repair**）、保証期間外の修理（**out-of-warranty repair**）も覚えて、ボキャブラリーを増やしましょう。

6 著作権と英文校閲

Chapter 6-1
著作権使用申込み

> これを押えるのが決め手！

①自社紹介→②転載申請申し込みとその理由→③著作権料を期限を付けて聞く→④結び

Subject: Request to reprint your article

Dear Mr. Black,

1. We are a leading Japanese publishing company, specializing in educational books, including not only books for English learners, but also books on history, science, etc.

2. We are currently planning to publish a test preparation book for the Practical English qualification test.

3. We would like to apply for a one-time permission to reprint the article entitled "How to stay fit" in the April issue of The World News.

4. Would you please let us know the license fee for a one-time reprint of the above article by January 15?

5. Thank you in advance for your cooperation in this matter.

Sincerely,

Miyuki Kato

日本語訳

> **件名： 貴社の記事の転載許可リクエスト**
> 1. 弊社は英語学習者のための書籍だけでなく、歴史や科学の本を含む教育図書も専門とする日本の大手出版会社です。
> 2. 現在 Practical English 資格試験対策書を出版することを計画しております。
> 3. The World News 4月号の「健康を維持する方法」へ一回限りの転載許可を申し込ませていただきたいと思います。
> 4. 上記記事の一回限りの版権の転載料を1月15日までにお知らせいただけませんでしょうか？
> 5. 本件につきましてご協力いただきますよう、どうぞよろしくお願いいたします。

ビジネスライティング説得力 UP 講座

【ポイント1　信頼度 UP】
We are a ～で会社の紹介、または I am で自己紹介をします。

【ポイント2　説得力 UP】
使用用途を述べて、We would like to apply for permission to reprint the article entitled ～の～に記事名を入れ転載許可を希望している旨を伝えます。

【ポイント3　説得力 UP】
Would you let us know the license fee for a reprint of ～＋by＋期日？ の～に記事名などを入れ、版権転載料金（license fee for a reprint）を尋ね期日までに返事を受け取りたい旨を記載します。

ライティング力 UP 講座　Let's write English!　（　）内の単語を使いましょう。

2～9は We would like to apply for your permission to ～の練習をしましょう。

1. 私は日本重工で社内報を担当しております。
   (be in charge of ～ / in-house newsletter)

2. 社内報に、御社の技術記事を掲載する使用許可承諾をいただきたいのですが。(We would like to apply for your permission / reprint / technical article)

3. 御社の技術解説を日本語に翻訳して弊社のカタログに転載させていただく許可を、いただきたいのですが。(reprint)

4. 題名「アジア研究」の2章を、弊社の月刊雑誌、The World News に転載する許可をいただきたいのですが。(chapter 2 of your book / titled)

5. あなたの記事を改訂版の百科事典の栄養学の項目の1つの章として転載する許可をいただきたいのですが。(revised encyclopedia)

6. 御社の本 Beauty の「ダイエットの方法」についてのアンケートを、一度限り転載する許可申請をさせていただきたいのですが。(one-time permission to)

7. 貴殿の本「私のイラスト」の5ページにある3つのイラストを使用する許可申請をさせていただきたいのですが。(illustrations on page 5)

8. 貴社のパンフレットの10ページにある図版を使う（転載する）許可申請をさせていただきたいのですが。(image content)

9. あなたが著作権を所有されている写真の1枚を、弊社のホームページに転載する許可申請をさせていただきたいのですが。(copyrighted photographs)

10. 貴殿のお名前と著作名を記載します。(include / book title)

11. 画像を弊社のホームページに使用するための許可をいただきたいのですが。(graphical content)

12. 御社の記事転載の許可を得るための条件を、教えてくださいませんか？

（Could you please / provide terms and conditions）

13. スピーチのコピーをいただき、社内用に100枚コピーしたいのですが。
（obtain / reproduce / internal use）

よく使う表現　模範解答

1. **I am in charge of** the **in-house newsletter** at Japan Heavy Industries.

2. **We would like to apply for your permission** to **reprint** a **technical article** in our in-house newsletter.

3. We would like to apply for your permission to translate a technical description into Japanese and **reprint** it in our brochure.

4. We would like to apply for your permission to reprint **chapter 2 of your book titled** "Asian Studies" in our monthly magazine, The World News.

5. We would like to apply for your permission to reprint your article as one chapter in our entry on nutrition in our **revised encyclopedia**.

6. We would like to apply for a **one-time permission to** reprint the questionnaire on "How to diet" in your book "Beauty".

7. We would like to apply for your permission to reprint three **illustrations on page 5** of your book titled "My illustrations".

8. We would like to apply for your permission to reprint the **image content** on page 10 of your product brochure.

9. We would like to apply for your permission to use your **copyrighted**

photographs on our website.

10. We will **include** your name and the **book title**.

11. We would like to apply for your permission to use your **graphical content** on our website.

12. **Could you please provide terms and conditions** for permission to reprint your article?

13. We would like to **obtain** a copy of your speech and **reproduce** 100 copies for **internal use**.

模範解答の講座

先生：ここでは、決まり表現 We would like to apply for your permission to ～. を身に付けましょう。

生徒：We would like to apply for your permission to ～. と We would like to get your permission to ～. の違いはありますか？

先生：We would like to apply for your permission to ～. の方がフォーマルです。どちらの文も応用範囲が広いです。例：We would like to apply for permission to use Conference Room A from 1 p.m. to 2 p.m. on May 5.（会議室 A を5月5日午後1時から2時まで使用申請させていただきます。）

生徒：なるほど、会議室使用の申請にも使えるのですね。模範解答9に「転載する」の意味で use が使われていますね。

先生：use は使用範囲の広い総括的な単語です。「転載する」を明確にしたい場合は reprint の方を使いましょう。

生徒：そうですね！ use は用途が広いですね。実はこの講座で「転載する」が reprint だと初めて知りました。

Chapter 6-2
著作権使用申込みの承諾

> これを押えるのが決め手！

①転載許可申請のお礼を記す→②転載を許可する→③条件を明記する→④条件を承諾する場合は書類送付する旨を記す

Subject： RE: Request to reprint your article

Dear Ms. Kato,

1. Thank you very much for your application to reprint an article.
2. We grant a one-time permission to reprint the article entitled "How to stay fit" in the April issue of The World News for the use indicated in your inquiry.

3. This permission is subject to the following conditions:
4. Acknowledgement of the source must be made, either as a footnote or in a reference list (author, title of the article, issue No., publisher)
5. The responsibility for the accuracy of the translation rests with you.
6. The license fee for a one-time reprint of the above article is $200.

7. We will forward a license and invoice if you accept the above conditions.

Sincerely,

Jeff Black

日本語訳

> **件名： RE：貴社の記事の転載許可リクエスト**
> 1. 転載許可の申請をありがとうございます。
> 2. The World News の4月号の「健康を維持する方法」の一回限りの転載を、貴殿が明記されている使用目的に対し許可いたします。
> 3. この許可は下記条件によるものです。
> 4. 脚注、または末尾の参考リストに出典に関する表記を入れること。(著者名、記事名、号名、出版社名)
> 5. 翻訳内容の正確性については貴殿が責任を有します。
> 6. 一回の転載料は200ドルです。
> 7. 上記の条件を認めてくだされば、著作権許可書と請求書を送ります。

ビジネスライティング説得力 UP 講座

【ポイント1　丁寧度UP】
Thank you very much for your application to reprint 〜. で転載許可申請のお礼を記します。

【ポイント2　信頼度UP】
This permission is subject to the following conditions:（この許可は下記条件によるものです）と明確に箇条書きに記します。

【ポイント3　信頼度UP】
We will forward a license and invoice if you accept the above conditions.（上記の条件を認めてくだされば、著作権許可書と請求書を送ります）と条件を認めるか否かを問います。

ライティング力 UP 講座　Let's write English!　( ) 内の単語を使いましょう。

1. この記事の著者の George Smith 氏が、記事の転載許可を出されました。
   (provide one's permission to / reprint)

2. George Smith 氏の著作物であることを認めるクレジットライン（著作名）

を入れることに、ご留意ください。(Please note / credit line)

3. この記事の転載許可は将来の版における使用も含みます。
（reprint / future editions）

4. 記載するパンフレットには著作権の表示にご留意ください。
（indication of copyright）

5. 200ドルの特許権使用料（転載料金）の支払いに同意されるという条件で、転載することを許可します。(On the condition that / license fee / grant you the permission）

6. 図1件につき、版権の転載料金は100ドルです。(figure)

7. 版権の転載料金の一覧表を添付しております。(reprinting material)

8. 当核資料を無料で印刷媒体で転載することを認めます。
（reproduce / in print / at no cost）

9. 当核資料を、電子媒体において無料転載することを認めます。
（reproduce / in electrical format）

10. ベレ出版に記事を転載するのを（法的に）認める契約書を別便で送ります。
（contract acknowledging a legal permission for / under separate cover）

11. データの変更は禁じられております。(be prohibited)

12. 契約が完了するまで、この記事の使用をお控えください。(refrain from)

13. 転載料金を下記にお振込みください。(remit / license fee)
　　口座名：　　　ハット出版

口座番号： 0897543128
口座の種類： 当座預金
銀行名： ABC銀行
支店名： 東京新宿店

14. 転載された記事の掲載されている本を、3部送ってくださいませんか？
    (with the reprinted article)

15. 私のスピーチのコピー100枚を社内に配布することを、会社外には配布しないということを条件に許可します。
    (grant you the permission / reproduce 100 copies / for internal use / under the condition / distribute)

よく使う表現　模範解答

1. Mr. George Smith, the author of this article, has **provided his permission to reprint** the article.

2. **Please note** that a **credit line** acknowledging Mr. George Smith's work must be included.

3. The permission to **reprint** this article includes use in any **future editions**.

4. Please note that the **indication of copyright** must be included in the brochure.

5. **On the condition that** you agree to pay $200 for the **license fee**, we will **grant you the permission** to reprint the article.

6. The license fee for reprinting one **figure** is $100.

7. We have attached a list of the license fees for **reprinting material**.

8. We grant you the permission to **reproduce** the material **in print at no cost**.

9. We grant you the permission to **reproduce** the material **in electrical format** at no cost.

10. We will send the **contract acknowledging a legal permission for** Beret Publishing to reprint the article **under separate cover**.

11. It **is prohibited** to change the data.

12. Please **refrain from** using the article until the contract takes effect.

13. Please **remit** the **license fee** to the bank account below:
    Account Name: Hat Publishing
    Account No.:   0897543128
    Account Type: Current Account
    Bank Name: Bank of ABC
    Branch Name: Shinjuku, Tokyo

14. Could you please send us three copies of your book **with the reprinted article**?

15. I **grant you the permission** to **reproduce 100 copies** of my speech **for internal use under the condition** that you do not **distribute** it outside the company.

模範解答の講座

生徒：質問ですが模範解答8の文を8"に書き換えてもいいですか？
  8. We grant you the permission to reproduce the material in print at no cost.
  8" We grant you the permission to **reprint** the material at no cost.

254

先生：reproduce 〜 in print は reprint と同じ意味ですから OK ですよ。
生徒：質問ですが 9 の文を 9" に書き換えてもいいですか？

 9．We grant you the permission to reproduce the material in electrical format at no cost.

 9"．We grant you the permission to reprint the material in electrical format at no cost.

先生：9 は in electrical format では print されないので書き換えはできません。

Chapter 6-3
著作権申請を断る・返事を保留する

> これを押えるのが決め手！

①転載許可申請拝読の旨を告げる→②断る理由を記す→③理解を求める

Subject： RE: Request for Reprint Permission

Dear Ms. White,

1. We have read your application for permission to reprint the chapter "Exploring Osaka" from our book, "Japan".

2. We are sorry, but we are unable to approve your request because we could not get permission from Ms. Katsuko Shibata, author of this book.

3. We ask for your understanding in this matter.

Sincerely,

Kazuo Wakita

日本語訳

件名： RE：転載許可願い

1. 弊社の本「Japan」のチャプター「Exploring Osaka」に対する御社の転載許可申請を拝読させていただきました。
2. 申し訳ございませんが、この本の著者・柴田勝子氏から許可を得ることができませんでしたので、あなたのリクエストを承認することができません。
3. この件に関して、ご理解をお願い申し上げます。

ビジネスライティング説得力UP講座

【ポイント1　明快度UP】

We have read your application for permission to ～や This is to answer your application for permission to ～. の～を入れ替えて、何の許可申請に対する返事であるかを明らかにします。

【ポイント2　説得力UP】

We are sorry, but we are unable to approve your request because ～ の～に理由を入れます。

ライティング力UP講座　Let's write English!　（　）内の単語を使いましょう。

1. 弊社の本「Japan」のチャプター「Exploring Osaka」に対する御社の転載許可申請をありがとうございます。（**your application for permission to reprint**）

2. いかなる目的においても著作の転載を許可しておりませんので転載許可を承認できません。（**approve your request / permit reprints of the book**）

3. その本の著作権はハット出版社に所属していますので、直接、ハット出版社に Chapter 1 の転載依頼をしてくださいませんか？（**copyrights / request a permit from**）

よく使う表現　模範解答

1. Thank you very much for **your application for permission to reprint** the chapter "Exploring Osaka" from our book, "Japan."

2. We are sorry, but we are unable to **approve your request**, because we do not **permit reprints of the book** for any purpose.

3. As the **copyrights** for the book belong to Hat Publishing, would you please **request a permit** to reprint chapter 1 of the book directly **from** them?

模範解答の講座

生徒：模範解答3は著者のフレーズですね。

先生：そうですね。request a permit ＋ from 〜「〜からの許可を依頼する」をしっかり覚えましょう。著作権の所属は **belong to** 〜「〜に属する＝〜が所有する」で表現します。

Chapter 6-4
著者および校閲者への英文校閲依頼

> これを押えるのが決め手！

①お礼 → ②手順を記す → ③締切日を相談する

Subject: Rough schedule for the manuscript

Dear Mr. Chen:

1. Thank you very much for submitting the manuscript.
2. I am writing to give you a rough explanation of the procedures.

3. I will go over your work carefully, and we will also send it to a reviewer in our outsourcing company.
4. Then we will send you the first proof on May 11.

5. This will not be the last chance for you to make corrections, but it will be the last chance to elaborate on the contents.
6. Please look it over carefully so that you do not have to make corrections in the final proof.
7. Would it be possible to return the corrected first proof by May 30?

Sincerely,

Yuriko Asami

日本語訳

件名： 原稿の大まかなスケジュール

1. 原稿のご提出をありがとうございます。
2. 大まかなスケジュールの説明をさせていただきます。
3. 私が作品をじっくり校閲し、それから外注先の校閲者にも送ります。
4. 初校は5月11日に送付させていただきます。
5. あなたにとって修正する最後のチャンスではないのですが、内容を推敲する最後のチャンスです。
6. 最終稿で修正しないで済むように、念入りに目を通してください。
7. 修正した初校を、5月30日までに送っていただくことは可能でしょうか？

ビジネスライティング説得力UP講座

【ポイント1　明快度UP】

原稿提出のお礼を述べ、I am writing to 〜. の〜に目的を述べます。I am writing to give you a rough explanation of the procedures. は手順を説明する決まり表現です

【ポイント1　丁寧度UP】

初校送付日を記述し、締切日を Would it be possible to return the corrected first proof by May 30th?（〜までに修正原稿の返却は可能でしょうか？）と相手の都合を聞きます。

ライティング力UP講座　Let's write English! （　）内の単語を使いましょう。

1. マーカーで印を付けた箇所をじっくり見直してくださいませんか？
   （highlighted areas）

2. 締切日を5月30日に設定してもよろしいでしょうか？
   （set the deadline for）

3．最終校締め切りは6月15日午後2時です。（submit the final proof）

4．締め切りは厳守してください。（observe the deadline）

5．最終校なのでミスがないように、注意深くチェックしてください。（final proof）

よく使う表現　模範解答

1．Would you please review the **highlighted areas** carefully?

2．Would it be possible to **set the deadline for** May 30?

3．The deadline for **submitting the final proof** is 2 p.m. on June 15.

4．Please be careful to **observe the deadline**.

5．This is the **final proof**, so please check it carefully for any mistakes.

模範解答の講座

生徒：模範解答5の「注意深くチェッツクしてください」のPlease check it carefully for any mistakes. を覚えました。最終校で「すみずみまで見直していただかなくても結構ですが、念のため見てください」は、どういえばよいのでしょうか？「念のため」はjust in caseですよね。

先生：この場合、「念のため」just in case を使うと不自然になります。
This is the final proof（最終校です）を書くことで"すみずみまで見直していただかなくても結構ですが"を訳す必要がなくなります。
この場合、「もう一度目を通してください」を意味する次のフレーズが適切です。
① Please give it one more check.
② Please give this a quick check.
③ Please look over it.

生徒：なるほど。よくわかりました。
先生：注文書、契約書などでも見直してもらう場合は highlighted area「マーカーで印をつけた箇所」を見てもらうことが大切ですね。
　　　また模範解答4の Please be careful to observe the deadline.（締め切りは厳守してください）も、書類提出の際によく使われる決まり表現なのでしっかり覚えましょう。

7 業務提携と契約

Chapter 7-1
業務提携（代理店契約）を申し込む

これを押えるのが決め手！

①自社の紹介→②代理店契約申込みの理由を説明する→③独占販売権の要求→④相手の返事を待つ

Subject: Exclusive distributorship

Dear Mr. Smith:

1. We are a Japanese wholesale company which specializes in garments.

2. As you can see from our company brochure which we sent you last month, we have specialty stores in Tokyo Department Store and Kansai Department Store, which are major Japanese department stores.

3. We imported 1,000 Fashionable Healthy Running Shoes from your company last month, and they sold out in three weeks.

4. We would appreciate it if you could consider the possibility of appointing us your exclusive distributor in Japan.

5. We have already conducted a market research study on these shoes.

6. We will be able to expand the market for your products with our wide sales channel in Japan.

7. We have attached our latest company brochure, the result of the market research study, and our annual report for fiscal 2014.

8. We look forward to your early reply.

Sincerely,
Masaki Nosaka

> 日本語訳

> **件名： 独占販売権**
> 1．弊社は服飾雑貨用品を専門にする日本の卸問屋です。
> 2．先月お送りしました会社のカタログでもおわかりいただけると思いますが、日本の大手デパートである東京デパートと関西デパートに専門店を出店しております。
> 3．先月、ファッショナブルヘルシーランニングシューズを1000足御社より輸入いたしまして、3週間で売り切ることができました。
> 4．御社の日本での独占代理店にしていただきたく、可能性をご考慮していただければと思います。
> 5．弊社では、すでにこの靴のマーケットリサーチをいたしました。
> 6．日本における幅広い販売網によって、御社製品市場の拡大を進めることができます。
> 7．弊社の最新の会社カタログ、マーケットリサーチの結果と2014年度の会計報告書を同封いたします。
> 8．お返事をお待ちしております。

> ビジネスライティング説得力UP講座

先生：市場や顧客層の拡大・ブランドの認知度・技術力の提供など、自社が相手に何を与えられるかを書くことが大切です。

【ポイント1　信頼度UP】
すでに商品を購入している場合も、We are a 〜 company. で自己紹介をするといいでしょう。

【ポイント2　説得力UP】
販売実績がある場合は必ず記しましょう。

【ポイント3　説得力UP】
どうしても独占代理店になりたい場合は、商品の簡単な the result of the market research study（マーケットリサーチの結果）と annual report for fiscal 〜（〜年会計年度報告書）を添付することで信頼度も説得度もUPします。

ライティング力 UP 講座　Let's write English!　（　）内の単語を使いましょう。

7・業務提携と契約

1. 弊社は日本における大手の衣料品輸入業者です。（the leading importer of）

2. 婦人衣料市場のシェアを15％確保しております。
   （hold a ～％ share of ＋業種）

3. 商品の種類を増やし多様化させることを計画しています。
   （enhance and diversify / merchandise mix）

4. 御社のライセンス取引企業になりたいと思います。（licensee）

5. ライセンス契約を取り交わすことにより、最新テクノロジー術を提供し、新製品を開発するために協力することが可能となります。
   （enter into a license contract / state-of-the-art）

6. 弊社は、市場シェア20％を占める大手ペット用品メーカーです。
   （with a ～％ share of the market）

7. 弊社は市場シェア20％を占める日本の赤ちゃん用品のメーカーです。
   （with a ～％ share of the market）

8. 御社が弊社のドイツ総代理店になることに興味があるかどうか、お伺いしたく、お問い合わせを差し上げています。（inquire as to whether）

よく使う表現　模範解答

1. We are **the leading importer of** clothing in Japan.

2. We **hold a** 15**％ share of** the women's clothing industry.

3. We are planning to **enhance and diversify** our **merchandise mix**.

4. We would like to become your **licensee**.

5. By **entering into a license contract**, we will be able offer you our **state-of-the-art** technology and collaborate with you to develop new products.

6. We are a leading manufacturer of pet goods **with a** 20％ **share of the market**.

7. We are a leading manufacturer of baby supplies **with a** 20％ **share of the market**.

8. We would like to **inquire as to whether** you are interested in becoming our exclusive distributor in Germany.

> 模範解答の講座

先生：今回の講座では代理店契約の提案だけではなく、ライセンス契約の提案も学習しました。代理店契約提案もライセンス契約提案も自己紹介から始め、会社カタログや会計報告書を提出することから始めるので、メール作成方法は同じです。

生徒：〜契約を結ぶことを enter into a 〜 contract というのですね。独占代理店契約をするは enter into a distributor contract でいいですか？

先生：はい。そうです。enhance and diversify our merchandise mix の意味を覚えましたか？

生徒：はい。enhance は「増やす」、diversify は「多様化させる」、merchandise mix は「商品の種類」で「商品の種類を増やし多様化させる」ですね。

先生：はい、そうです。

Chapter 7-2
業務提携（代理店契約）お断りのメール

> これを押えるのが決め手！

①申し入れに感謝する→②代理店契約を断る理由を記す③今後の取引を期待する→④結び

Subject : RE : Exclusive distributorship

Dear Mr. Nosaka:

1. We appreciate your e-mail, offering to act as an exclusive distributor in Japan.
2. However, in order to increase our sales, we would like to sell our products through as many dealers as possible.
3. Actually, we already have three dealers in Japan, and they seem to be satisfied with this arrangement.

4. Although we are unable to accept your proposal at this time, there may be a possibility in the future.
5. We would appreciate it if we could include your name in our list of approved dealers.
6. If you do not mind, we would also like to add you to our electronic mailing list so that you can receive details of our latest products.

7. We look forward to your reply.

Sincerely,
Johnny Smith

日本語訳

件名： RE：独占販売権

1. 日本での販売代理店を引き受けてくださるとのお申し出を、ありがとうございます。
2. 弊社の売り上げを伸ばすために、できるだけ多くの販売業者を通して、商品を販売したいと考えております。
3. 実は、日本には既存の販売業者3社があり、この取り決めで満足してくださっているようです。
4. 今回はご提案をお受けできませんが、将来的に可能性はあるかもしれません。
5. 御社のお名前を、正規の小売窓口として登録させていただければと思います。
6. また、よろしければ当店の新製品の詳細をお受け取りいただけるように、御社をメーリングリストに加えさせていただきたいと思います。
7. お返事をお待ちしております。

ビジネスライティング説得力UP講座

先生：お断りのメールですが、相手にネガティブな印象を与えないようにしましょう。

【ポイント1　丁寧度UP】

We appreciate your e-mail, offering to act as our distributor や I appreciate your proposal to ～などで申し出に感謝します。

【ポイント2　説得力UP】

断る理由を However, ～の～などではっきりと事情を説明します。However を使うことによって強調できます。

【ポイント3　信頼度UP】

将来的な業務提携の可能性が大切です。これからのつながりを大切にするために、例えば approved dealer（正規の小売窓口）として登録することなどを提案します。

ライティング力 UP 講座　Let's write English!　（　）内の単語を使いましょう。

1. 御社の独占代理店ご希望の提案を受け入れられないことが残念です。
   （accept your proposal to 〜 / exclusive distributor）

2. 日本には独占代理店がございます。（We）

3. 大きな投資を必要とするので、今回はお申し出をお受けできないことが残念です。（large investment）

4. 将来的にお仕事をさせていただくかもしれません。
   （foresee a possibility of 〜）

5. 弊社には、ライセンス契約の締結を承認する権限がありません。
   （have no authority / enter into a license agreement）

よく使う表現　模範解答

1. We are sorry that we are unable to **accept your proposal to** become our **exclusive distributor**.

2. **We** have an exclusive distributor in Japan.

3. We are sorry that we are unable to accept your proposal at this time because a **large investment** is necessary.

4. We **foresee a possibility of** doing business in the future.

5. We **have no authority** to **enter into a license agreement**.

模範解答の講座

先生：決まり表現 We are sorry that we are unable to accept your proposal to ~. が身に付きましたか？

生徒：はい。accept your offer と、accept your proposal との違いは何ですか？

先生：どちらも間違いではないのですが、proposal の方がフォーマルなので、代理店契約の場合は「offer ＝ 申し出」よりは「proposal ＝ 提案」の方が自然です。

生徒：ところで模範解答3ではお断りのフレーズに at this time が入っていますが、これは今後の仕事の可能性をほのめかせるためですか？

先生：その通りです。お断りする場合は失礼なトーンにならないように注意しなければなりません。at this time（今回は）を入れることで、丁寧になります。

模範解答4の We foresee a possibility of doing business in the future.（将来的にお仕事をさせていただくかもしれません）もお断りする場合、失礼にならないための決まり表現です。

生徒：辞書に do business with は「仕事する・取引する・業務提携する」の3つの意味があると書いていましたが。

先生：ここでは代理店契約の勉強をしているので「業務提携する」の日本語訳の方が具体的ですね。日本語訳「仕事する」は包括的ですね。do business は、臨機応変に使える便利な表現です。

Chapter 7-3
業務提携に応じる（代理店契約に応じるまでの過程）

> これを押えるのが決め手！
>
> ①申し出に対する感謝を述べる→② 提案書の送付をリクエストする→③決定までにかかる日数を明記する

Subject : RE : Exclusive distributorship

Dear Mr. Nosaka:

1. Thank you for offering to become our exclusive distributor.

2. We read your company brochure, annual report and the result of your market research, and discussed your offer in our weekly meeting.
3. We feel that your proposal is a business opportunity, because we have been considering an expansion into overseas markets.

4. Could you please send us a detailed proposal on how you can promote our shoes by May 15?
5. We will discuss it in our monthly meeting on May 20.

6. After we review your proposal, it may take a couple of weeks to reach a decision.
7. We will let you know if anything develops in the meantime.

Sincerely,
Johnny Smith

日本語訳

件名： RE：独占販売権

1. 弊社の独占代理店になるとのお申し出をありがとうございます。
2. 御社のカタログと年間レポートとマーケットリサーチの結果を拝見し、お申し出について週間会議で話し合いました。
3. 弊社では、海外市場進出を考えておりましたので、御社からの申し出をビジネスチャンスと考えております。
4. 弊社の商品（靴）の販売促進の方法を書いた詳細な提案書を、5月15日までにご送付くださいませんか？
5. 5月20日の月例会議で話し合う予定です。
6. 企画書を検討させていただきまして、決定を下すのには2～3週間かかるかもしれません。
7. その間に進展がございましたら、お知らせいたします。

ビジネスライティング説得力UP講座

【ポイント1　説得力UP】

独占代理店の申し出のお礼を述べ、提案に前向きな姿勢であることを述べます。例えば We have been considering an expansion into ～. の～に国名などを入れます。

【ポイント2　説得力UP】

Could you please send us a detailed proposal on ～ by 月日？（～に関する詳細な提案書を～月～日までにご送付くださいませんか？）と期限付きで提案書の提出を求めます。相手先が期日を守れるか否かを知る良いチャンスです。

【ポイント3　信頼度UP】

It may take a couple of weeks to reach a decision. など決定にかかる日数を明記することで、相手の心配を取り除けます。

ライティング力 UP 講座　Let's write English!　（　）内の単語を使いましょう。

1．現在いくつかの企業からの提案書を検討中です。
　（currently / a number of companies）

2．御社との独占販売契約に関して、詳細な話し合いをする機会を持たせていただきたいと思います。（discuss the exclusive distributorship agreement）

よく使う表現　模範解答

1. We are **currently** discussing proposals from **a number of companies**.

2. We would like to have an opportunity to **discuss the exclusive distributorship agreement** in detail.

模範解答の講座

生徒：模範解答1のフレーズですが、本文 E メールの5と6の間に入れた方がいいですか？

先生：入れた方が具体性を持ちますが、入れなくてもいいです。現在進行形とよく使われる currently「現在」を使えるようになりましょう。
　　　また独占代理店の契約は、実際に会って話し合うのが一番ですからその場合は、模範解答2のフレーズを使いましょう。

Chapter 7-4
契約書草案を送付する（どの業種にも使えます）

> これを押えるのが決め手！

①契約書の件であることを知らせる→②草案送付の旨を伝える→③回答を求める

Subject : Draft contract

Dear Mr. Nosaka:

1. I am writing regarding the draft contract for the exclusive distributorship you proposed.

2. We discussed your detailed proposal in the meeting and concluded that we would like to officially conclude a contract.

3. We have attached a draft contract for your consideration.

4. Could you please review the attached draft contract and inform us of any points that require further attention by June 20?

Sincerely,

Johnny Smith

日本語訳

件名： 契約草案

1. ご提案いただきました独占販売の契約草案の件について、ご連絡いたします。
2. 御社の詳細な提案書について会議で話し合いました結果、正式に契約を結びたいとの結論に達しました。
3. ご検討いただきますように、契約書の弊社草案を添付いたしました。
4. 添付しております契約草案をご検討いただき、お気づきの点がございましたら、6月20日までにお知らせくださいませんでしょうか？

ビジネスライティング説得力 UP 講座

【ポイント1　明快度 UP】
I am writing regarding the draft contract for ～で、どの件の契約草案であるかを明確にします。

【ポイント2　明快度 UP】
We have attached a draft contract for your consideration. で契約書草案の添付を伝えます。

【ポイント3　明快度 UP】
修正点があれば知らせてほしいことを、Could you please inform us of ～? や We kindly ask you to inform ～でお願いします。

ライティング力 UP 講座　Let's write English!　（　）内の単語を使いましょう。

1. 6月20日までに、弊社の契約草案に同意いただけるかどうかお知らせくださいますようお願いいたします。（We kindly ask you to ～）

2. 何か賛成できない点がございましたら、6月20日までにご希望を入れた修正入りの契約草案をお送りくださいませんでしょうか？（draft contract with mark-ups indicating suggested changes）

よく使う表現　模範解答

1. **We kindly ask you to** inform us whether you agree with the draft contract or not by June 20.

2. If there is something you disagree with, would you please send the **draft contract with mark-ups indicating suggested changes** by June 20?

模範解答の講座

先生：契約草案の送付、返送の両方の際に使える "the draft contract with mark-ups indicating suggested changes" の意味がわかりますか？

生徒：「希望を入れた修正入りの契約草案」ですね。This is just a draft.（これは単なるたたき台です）と英会話で覚えたことがあります。

先生：英会話では使ってもいいですが、フォーマルな文章では使わないようにしましょう。

Chapter 7-5
契約書草案を返送する(どの業種にも使えます)

> これを押えるのが決め手!

①契約書草案受領→②修正希望箇所を記す→③相手の同意を求める

Subject: RE: Draft contract

Dear Mr. Smith:

1. I am writing with regard to the draft contract for the exclusive distributorship you sent us.

2. Attached is the draft contract with some mark-ups indicating suggested changes to Article 4.
3. We agree with all the other contents.

4. We would appreciate it if you could give our amendments your favorable consideration.

Sincerely,

Masaki Nosaka

日本語訳

> 件名： RE：契約草案
> 1．御社が送付してくださった独占販売契約書草案の件で、ご連絡を差し上げます。
> 2．第4条に修正の希望を入れた契約草案を添付しています。
> 3．他のすべての内容には賛同いたします。
> 4．当方の修正について前向きにご検討いただければ、と思います。

ビジネスライティング説得力 UP 講座

【ポイント1　明快度 UP】
I am writing with regard to ～や I am writing regarding ～ で案件を明確にします。

【ポイント2　明快度 UP】
Attached is the draft contract with some mark-ups indicating suggested changes to ～. の～に修正希望箇所を記入し契約書草案添付を記します。

【ポイント3　明快度 UP】
We would appreciate it if you could give our amendments your favorable consideration.
「当方の修正について前向きにご検討いただければ、と思います」と丁寧に依頼しましょう。

ライティング力 UP 講座　Let's write English!　（　）内の単語を使いましょう。

契約書草案に同意する場合のフレーズです。

1．契約草案についてお送りいただき、ありがとうございます。(**draft contract**)

2．契約草案のすべてに異存はございません。(**be acceptable to**)

3．署名できるように、契約書を2通お送りいただけませんか？
(**two copies of**)

よく使う表現　模範解答

1. Thank you for sending the **draft contract**.

2. All of the contents of your draft contract **are acceptable to** us.

3. Could you please send us **two copies of** the contract for signing?

模範解答の講座

生徒：模範解答1では契約書草案のお礼から始まっていますが、本文Eメールでも Thank you for sending the draft contract. から始めてもいいですか？

先生：もちろんOKですよ。two copies が「2通」を意味することや、be acceptable to 〜は「〜にとって異議がない」も、しっかり覚えましょう。

7・業務提携と契約

Chapter 7-6
契約書を送付する（どの業種にも使えます）

これを押えるのが決め手！ ①契約書草案返答に対する挨拶→②契約書を送付し署名を求める

Subject : Contract for exclusive distributorship

Dear Mr. Nosaka:

1. Thank you for reviewing the draft contract.

2. We have sent the contract for the exclusive distributorship by express airmail.
3. Would you confirm that the revisions we have agreed on are reflected?

4. If it meets with your approval, please sign both copies and return one to us.
5. If you have any questions, please let us know.

Sincerely,

Johnny Smith

日本語訳

件名： 独占販売契約

1. 契約書草案のご確認を、ありがとうございます。
2. 速達航空便にて独占販売契約書を送付させていただきました。
3. 合意を得た修正点が反映されているかどうかを、ご確認ください。
4. ご承認いただけましたなら、2通にご署名の上、1通をご返送ください。
5. 質問がございましたら、お知らせください。

ビジネスライティング説得力 UP 講座

【ポイント1　明快度 UP】

お礼を述べ、契約書を速達航空便で（by express airmail）送付した旨を述べます。

【ポイント2　明快度 UP】

If it meets with your approval, please sign both copies and return one to us.（ご承認をいただけましたなら2通に署名の上、1通返送してください）と依頼します。

ライティング力 UP 講座　Let's write English! （　）内の単語を使いましょう。

1. 契約書の原本が完成しました。(final version of the contract)

2. どちら様にお送りすればよいか、お知らせ願えますか？
   (to whom we should address it)

3. 契約書原本の署名欄のあるページに署名し、ご返送ください。
   (signature page)

よく使う表現　模範解答

1. We have drawn up the **final version of the contract**.

2. Would you please let us know **to whom we should address it**?

3. Would you please complete the **signature page** of both copies of the contract and return one to us?

模範解答の講座

生徒：契約書の原本は final version of the contract というのですね？

先生：契約書草案は draft version of the contract も、しっかり覚えましょう。

Chapter 7-7
契約書を受領し返送する

> これを押えるのが決め手！

①契約書受領の挨拶→②契約書返送の旨を伝え確認をお願いする→③今後の関係の発展を願う

Subject： RE：Contract for exclusive distributorship

Dear Mr. Smith:

1. Thank you for sending us your letter and the two copies of the contract.

2. We sent you one signed copy of the contract by express airmail this morning.
3. Would you please acknowledge receipt upon arrival?

4. We sincerely hope that this will lead to a long and prosperous business relationship.

Sincerely,

Masaki Nosaka

日本語訳

> 件名： RE：独占販売契約
>
> 1．お手紙と同封の契約書2通をご送付いただき、ありがとうございます。
> 2．今朝、署名済みの契約書1部を速達航空便で送付いたしました。
> 3．到着しましたら受領の確認をお願いいたします。
> 4．末永く活発な取引関係が続きますよう、よろしくお願い申し上げます。

ビジネスライティング説得力 UP 講座

【ポイント1　明快度 UP】
お礼を述べ、署名済みの契約書（one signed copy of the contract）を送付した旨を述べます。

【ポイント2　明快度 UP】
Would you please acknowledge receipt upon arrival? で受領の確認をお願いします。

ライティング力 UP 講座　Let's write English!　（　）内の単語を使いましょう。

1．契約書に2か所ミスを見つけました。(in the contract)

2．マーカーで印を付けました。(highlighted)

3．契約書の2か所のミスにマーカーで印を付けました。(highlighted)

4．ミスのある箇所のページに付箋を付け、契約書を送り返しました。
　（mark 〜 with sticky notes）

よく使う表現　模範解答

1．We have found two mistakes **in the contract**.

2. We **highlighted** them.

3. We have **highlighted** two mistakes in the contract.

4. We have **marked** the pages with mistakes **with sticky notes** and sent the copies of the contract back to you.

> 模範解答の講座

生徒：mistakes の前に careless を付けたフレーズをよく見るのですが。
先生：このような契約書のやりとりでは決して careless mistake は使いません。
生徒：なるほど。「マーカーでミスに印を付ける」は highlight a mistake なのですね。
また「付箋」は sticky note なのですね。しっかり覚えます。

8 招待状

Chapter 8-1
展示会への招待状

> これを押えるのが決め手！

①催しへのお誘い→②場所・会期・催事名、ブースの位置など詳細を知らせる→③特典を知らせる→④結び

Subject: Invitation to the International Office Furniture Trade Show

Dear Mr. Green:

1. You are cordially invited to the International Office Furniture Trade Show which will be held from September 5 to 7 at the XXX Convention Center in Tokyo.
2. Trade show hours are from 10 a.m. to 6 p.m.
3. You will be the first to see our latest line of office furniture XYZ.
4. Our latest line of office furniture XYZ and existing line of products will be demonstrated at Booth 456.
5. Ms. Yoshiko Nakano from the overseas sales department will demonstrate the products and act as an interpreter, so please feel free to ask questions about our products.
6. We have attached a flyer for the trade show and two complimentary tickets.
7. Some of the products will be available at discounted prices.
8. You will receive an additional 10% discount by showing one of the attached tickets.
9. If you need more tickets, please let me know how many you need by e-mail.
10. We are looking forward to meeting you at the International Office Furniture Trade Show.

Sincerely,

Shigeru Makino

> 日本語訳

件名： 国際オフィス家具展示会へのご招待

1. 東京のXXXコンベンションセンターにて9月5日から7日まで開催されます国際オフィス家具展示会に、謹んでご招待申し上げます。
2. 開催時間は午前10時から午後6時でございます。
3. 弊社のオフィス家具XYZの最新ラインナップを初めてご覧いただけるのはあなたです。
4. 一番新しいオフィス家具シリーズXYZと既存のシリーズが、ブース456で展示されます。
5. 海外営業部の中野喜子が通訳者として製品の実演説明と通訳をいたしますので、どうぞご自由に弊社製品についてご質問ください。
6. 展覧会のチラシと無料入場券2枚を添付させていただいております。
7. 割引価格でお買い求めいただける商品もございます。
8. 添付のチケットをご提示いただければ、さらに10％割引をお受けになれます。
9. 追加チケットが必要な場合はEメールで必要枚数をお知らせください。
10. 国際オフィス家具展示会でお会いできることを楽しみにしております。

> ビジネスライティング説得力UP講座

先生：展示会の招待状の目的は、相手に出席してもらうことです。説得力のある招待状は、相手に「あなたは特別」と感じてもらえることです。

催しの詳細についてお知らせすることは大切ですが、製品情報は詳細に記述する必要はありません。担当者が実演することや通訳者がいることで、相手に期待を持たせましょう。

【ポイント1　説得力UP】

催しのお誘いで、You'll be the first to see ～を入れて「あなたは特別だ」と思っていただけるようにしましょう。

【ポイント2　説得力UP】

催しの詳細を知らせるだけでなく～ will be available at discounted prices「～が割引価格でお求めいただけます」のように参加の利点を説明しましょう。相手に展示会へ参加する意欲を起こさせます。

【ポイント3　説得力UP】
If you need more tickets, please let me know 〜と追加の入場券入手方法を知らせることで、相手の来場を期待していることが伝わります。

ライティング力UP講座　Let's write English!　（　）内の単語を使いましょう。

1. 国際XYZ展示会にご招待申し上げます。(be pleased to invite you to 〜)

2. 期日：2014年　9月9日、10日、11日
   場所：東京XXXコンベンションセンター
   時間：午前9時から午後5時（Dates: Location: Hours:）

3. ABCシリーズの最新型の実演をブース456で初めてご覧いただけるのはあなたです。(You'll be the first to / the latest line of 〜 / demonstrated)

4. ブース123では様々なAAA製品をご覧いただけます。
   (a wide variety of 〜)

5. 展示品を手に取ってお楽しみいただけます。(hands-on exhibition)

6. 当社の製品担当者がブース123で、ちょっとしたプレゼンを行います。
   (make a small presentation)

7. 当社の製品担当者が、喜んであなたの質問にお答えします。
   (product specialists)

8. 最新の製品や技術をご覧になる価値ある展示会であることを保証します。
   (guarantee / worth visiting / leading edge)

9. 弊社のブースへの訪問者は、感謝の印としてささやかなプレゼントをお受け取りください。(will receive / as a token of one's appreciation)

10. 展覧会への無料入場券は www.springtradeshow.com にアクセスされると入手できます。(be available by)

> よく使う表現　模範解答

1. We **are pleased to invite you to** the International XYZ Trade Fair.

2. **Dates**: September 9, 10, 11, 2014
   Location: XXX Convention Center in Tokyo
   Hours: 9 a.m. to 5 p.m.

3. **You'll be the first to** see **the latest line of** ABC **demonstrated** at Booth 456.

4. You can see **a wide variety of** AAA products at Booth 123.

5. You can enjoy the **hands-on exhibition**.

6. Our product specialists will be **making a small presentation** at Booth 123.

7. Our **product specialists** will be happy to answer your questions.

8. We **guarantee** this trade show will be **worth visiting**, because of the **leading edge** products and technologies on display.

9. Visitors to our booth **will receive** a small present **as a token of our appreciation**.

10. Free tickets to the trade show **are available by** visiting www.springtradeshow.com.

> 模範解答の講座

先生：模範解答3の決まり表現 You'll be the first to see 〜. を定着させましょう。「顧客は自分が一番だ」と感じるとうれしくなりますよ。例えば、ちょっとしたプレゼンが始まる前に顧客が来た場合も You came to the right place at the right time（ちょうど良い時に、ちょうど良い場所にお越しくださいました）と声をかけるのもいいでしょう。

生徒：「ちょっとしたプレゼン」が small presentation、「生産担当者」は product specialist、「最新鋭の」が leading edge、「感謝の印として」が、as a token of appreciation など、ここではいろいろな単語を学べました！

Chapter 8-2
パーティーでのプレゼンを依頼

これを押えるのが決め手！

①プレゼンを依頼→②依頼の理由を述べる→③謝礼金（講演代）など明記する→④仮スケジュールを添付する→⑤返答の期日を記す

Subject: Invitation to anniversary party and request

Dear Ms. Taylor:

1. I am writing to ask you if you could make a presentation on 'Effective Marketing Strategy' at our 20th anniversary party to be held on March 3.

2. I was very impressed with your presentation at Tokyo Community Hall last December.
3. It was very interesting and relevant, and I benefited a lot from it.

4. We offer traveling expenses, accommodation expenses and an honorarium of 80,000 yen.
5. We would greatly appreciate it if you could accept this offer.

6. Attached is the tentative schedule for this party.
7. We would appreciate it if you could reply by e-mail by February 5, saying whether or not you will be able to make the presentation.

Sincerely,
Yoshio Imai
Party Coordinator

日本語訳

> **件名： 記念パーティーへの招待と依頼**
>
> 1. 3月3日の弊社の創立20周年記念にて「効果的なマーケティング戦略」について講演をしていただきたく存じます。
> 2. 昨年12月の東京コミュニティホールでのあなたのプレゼンには、非常に感銘を受けました。
> 3. あなたのプレゼンは興味深く、的を射ていましたので多くのことを学びました。
> 4. 交通費と宿泊費用と謝礼金8万円をお支払いさせていただきます。
> 5. この申し出をお引き受けいただければ、大変うれしく思います。
> 6. このパーティーの仮のスケジュールを添付しております。
> 7. 2月5日までにEメールで、プレゼンをしていただけるかどうかのお返事をいただきたいと思います。

ビジネスライティング説得力UP講座

【ポイント1　明快度UP】

I am writing to ask if you could make a presentation on ＋プレゼンタイトル＋日時をきちんと記す。もちろん場所も大切ですが、一番大切なのは日時です。

【ポイント2　説得力UP】

I was impressed with 〜. の〜は入れ替え自由自在です。
I was impressed with your presentation（at / in）＋場所＋時期を入れましょう。

【ポイント3　説得力UP】

条件は、We offer traveling expenses, accommodation expenses and an honorarium of 〜 yen. を、きちんと記しましょう。

【ポイント4　説得力UP】

仮のスケジュール（tentative schedule）を添付し、We would appreciate it if you could reply by e-mail by 期日. を明記することで、相手に出席していただけるように促せます。

ライティング力 UP 講座　Let's write English!　（　）内の単語を使いましょう。

1．ゲストスピーカーとしてご参加いただければうれしいです。
　（We would be delighted / have you as）

2．パーティーに講演者として参加していただければと思います。
　（extend an invitation to）

3．謝礼金10万円に加えて、交通費と宿泊費用とをお支払いさせていただきます。（in addition to an honorarium of ＋ 金額）

よく使う表現　模範解答

1．**We would be delighted** to **have you as** our guest speaker.

2．We would like to **extend an invitation to** you to be a speaker at the party.

3．**In addition to an honorarium of** 100,000 yen, we offer traveling expenses and accommodation expenses.

模範解答の講座

先生：extend an invitation to ～「～を招待する」、と honorarium「謝礼金」をしっかり覚えましょう。

生徒：honorarium の代わりに reward を使ってもいいですか？

先生：reward は（情報提供などに対するご褒美）のイメージです。
　　　講演の謝礼金には honorarium を使いましょう。
　　　例：　講義の謝礼金：honorarium for lecturing（speaking）
　　　　　　謝礼金なしで：without honorarium

8・招待状

Chapter 8-3
パーティーへの招待

> これを押えるのが決め手！
>
> ①パーティーの趣旨→②開催日、日時場所などのスケジュール→③出席の回答期限

Subject : Invitation to party

Dear Sir / Madam:

1. To celebrate our 20th anniversary, World Trading Co., Ltd. is pleased to invite you to a dinner party.

2. We wish to provide a chance for our business partners to build better relationships and exchange opinions in a relaxed atmosphere. We would also like to take this opportunity to express our appreciation of your continued business support.

3. Date:　　　　Saturday, March 3rd
   Venue:　　　 Regal Japan
   Party Style:　Buffet

4. 6:00 – 6:15　Welcome speech by Mr. Makoto Ishida, President of World Trading
   6:15 – 6:45　Presentation by Ms. Cathy Taylor
   6:45 – 6:50　Toast by Mr. Yoshio Ishida, founder of World Trading
   6:50 – 8:10　Dinner
   8:10 – 8:20　Piano recital by Mr. Taro Abe Accounting manager, head office
   8:20 – 8:30　Closing remarks by Mr. Bryan Nakata, Advisor to World Trading

5. Please reply by February 15, confirming your attendance, to Mary Tanaka at mary@worldtrading.co.ca.

日本語訳

件名： パーティーへの招待

1. 創立20周年を記念してワールド商事（株）が、貴殿をディナーパーティーにご招待申し上げます。
2. このパーティーでビジネスパートナーがくつろいだ雰囲気の中でよりよい関係を築き、意見交換する場を持たれますことを希望いたします。
   この機会に、長年のご愛顧とご支援に心から感謝させていただきたいと思います。
3. 開催日：　　　3月3日（土）
   開催地：　　　リーガルジャパン
   パーティー形式：立食
4. 6:00-6:15　歓迎の辞　ワールド商事社長　石田誠氏
   6:15-6:45　プレゼンテーション　マーケットリサーチャー　Cathy Taylor氏
   6:45-6:50　乾杯の音頭　ワールド商事創設者　石田義男氏
   6:50-8:10　ディナータイム
   8:10-8:20　ピアノリサイタル　本社経理部長　安倍太郎氏
   8:20-8:30　閉会の辞　ワールド商事顧問　Bryan Nakata氏
5. 2月15日までに、mary@worldtrading.co.caのMary Tanakaに出欠確認の返信をお願いします。

ビジネスライティング説得力UP講座

【ポイント1　明快度UP】
To celebrate ～の～に、何を祝う、何を記念するかを明確に書きます。

【ポイント2　信頼度UP】
We wish to provide a chance for our business partners to build better relationships ～. でパーティー出席の利点を記すとともに、We would like to take this opportunity to express our appreciation of ～. で感謝の気持ちを記します。

【ポイント3　明快度UP】
Date（開催日）、Venue（開催地）、Party Style（パーティーの形式）とスケジュールを明記します。

【ポイント4　明快度 UP】

Please reply by ＋日時、We would appreciate it if you could reply by ＋日時などの依頼文で、出欠の確認をします。

ライティング力 UP 講座　Let's write English!　（　）内の単語を使いましょう。

1. 新事務所開設を記念してワールド商事（株）が、貴殿をディナーパーティーにご招待申し上げます。(to celebrate the opening of our new office)

2. 配偶者の方またはお客様同伴でのご出席を歓迎いたします。
   (be welcome to / spouse)

3. 2月15日までに、参加の有無をEメールでご連絡くだされば幸いです。
   (We would appreciate it if you could ～ / reply / whether)

4. 平服でお越しください。(informal)

5. 正装着用でお越しください。(formal)

よく使う表現　模範解答

1. **To celebrate the opening of our new office,** World Trading Co., Ltd. is pleased to invite you to a dinner party.

2. You **are welcome to** bring your **spouse** or a guest.

3. **We would appreciate it if you could reply** by e-mail by February 15, saying **whether** or not you will be able to attend the party.

4. Dress will be **informal**.

5. Dress will be **formal**.

模範解答の講座

先生：パーティーの招待状は書けるようになりましたか？
celebrate には「祝う」の他に「記念する」の意味もあることを覚えましょう。

生徒：はい。模範解答2ですが、You are requested to attend the party with your spouse. と書かれているのを見たことがありますが。

先生：この場合、be requested to は強すぎてパーティーには向いていません。

生徒：模範解答2の You are welcome to 〜. の用法について、もっと教えてください。

先生：例えば、「あなたが私たちに加わることを歓迎します」は、
You are welcome to join us. です！

Chapter 8-4
パーティーや展示会への出席通知

> これを押えるのが決め手！

①招待へのお礼→②招待を受ける旨を記す→③楽しみにしていると結ぶ

Subject： RE: Invitation to party

Dear Ms. White:

1. Thank you very much for your invitation to the 20th anniversary party.
2. I am pleased to accept your kind invitation, and my wife will accompany me.
3. It is an honor to be able to celebrate this memorable occasion with you.
4. I look forward to meeting all of you at the party.

Sincerely,
Akira Higuchi

日本語訳

件名： RE：パーティーへの招待

1. 20周年記念パーティーにご招待ありがとうございます。
2. 喜んでご招待をお受けいたします。妻も一緒に参加させていただきます。
3. このような記念すべき日を皆様とお祝いすることができて光栄です。
4. パーティーで皆様とお会いできることを楽しみにしております。

ビジネスライティング説得力 UP 講座

【ポイント1　丁寧度 UP】
Thank you very much for your invitation to ~. の~に、パーティー名を入れてお礼を記します。

【ポイント2　丁寧度 UP】
I am pleased to accept your kind invitation. で、喜んで招待に応じる旨を述べ、同伴者がいる場合は~ will accompany me. を必ず記しましょう。

ライティング力 UP 講座　Let's write English!　（　）内の単語を使いましょう。

1~3は I am pleased to accept your invitation to を使いましょう。

1. 祝賀会でのゲストスピーカーとしてのご招待を、喜んでお受けいたします。
   (I am pleased to accept your invitation to / at your celebration)

2. 10月10日に開催されるシンポジウムの招待を、喜んでお受けいたします。
   (symposium)

3. 喜んで、国際家具展示会への招待をお受けいたします。(Trade Show)

4. 9月7日の朝、御社のブースを訪問する予定です。(be scheduled to)

5. 著名な方々と一緒にパーティーに参加させていただけて光栄です。
   (be honored to / distinguished)

よく使う表現　模範解答

1. **I am pleased to accept your invitation to** be a guest speaker **at your celebration**.

2. I am pleased to accept your invitation to the **symposium** on October 10.

3. I am pleased to accept your invitation to the International Office Furniture **Trade Show**.

4. **I am scheduled to** visit your booth on the morning of September 7.

5. **I am honored to** attend a party with such **distinguished** guests.

模範解答の講座

生徒：展示会のブースを訪問する場合も、模範解答4のように日時や時間帯を入れた方がいいのですね。

先生：その通り！招待を受ける場合は決まり表現 I am pleased to accept your invitation to 〜. を使いましょう。I am honored to 〜. の 〜に celebrate the anniversary. や attend the party を入れると、さらに丁寧でいいでしょう。

生徒：distinguished guests「著名なゲストの方々」の distinguished ですが famous との違いを教えてください。

先生：distinguish の方がフォーマルで、「能力や功績などで名高い・著名な」の意味です。

　　例：distinguished actor（名優）distinguished writer（一流作家）
　　　　distinguished contribution（優れた業績）

　　また distinguished（著名な）と distinguishable（見分けられる）を書き間違えないようにしましょう。

　　例：A shampoo container should be distinguishable from a rinse container.（シャンプーの容器はリンスの容器と見分けられるべきだ）

Chapter 8-5
パーティーや展示会への欠席通知

> これを押えるのが決め手！

①招待への感謝→②欠席の理由とお詫び→③感謝・相手の発展を祈る

Subject: RE: Invitation to the party

Dear Ms. White:

1. I appreciate your kind invitation to the 20th anniversary reception.

2. I am sorry that we will not be able to attend the party due to my business trip to Singapore.

3. I wish your company every success in the future.

Sincerely,
Maiko Takada

日本語訳

件名： RE：パーティーへの招待

1．20周年記念パーティーへのご招待、ありがとうございます。
2．シンガポール出張のためにパーティーに出席できないのが残念です。
3．御社のより一層の発展を心からお祈り申し上げます。

ビジネスライティング説得力 UP 講座

【ポイント１　丁寧度 UP】
I appreciate your kind invitation to ～. の～にパーティー名を入れてお礼を記します。

【ポイント２　丁寧度 UP】
I am sorry that we will not be able to attend ＋ 行事名 ＋ due to ＋ 理由. 出席できないことを謝罪します。I am sorry that の代わりに I am afraid ～. や Unfortunately, を入れ替えられます。

ライティング力 UP 講座　Let's write English!　（　）内の単語を使いましょう。

1. 御社シドニー支社開設パーティーのご招待、ありがとうございます。
　（appreciate / branch office opening party）

2. 残念なことに先約があり、ご招待を受けることができません。
　（due to a previous engagement）

よく使う表現　模範解答

1. I **appreciate** your kind invitation to your Sydney **branch office opening party**.

2. Unfortunately, I will not be able to accept your invitation **due to a previous engagement**.

模範解答の講座

生徒：招待を断る場合は、理由を絶対に書くべきですか？

先生：当たり障りのない程度に書きます。due to a previous engagement や Eメール本文２のように due to my business trip to ～が無難です。

9 会議

Chapter 9-1
会議の日程・変更を伝える、出欠の返事をする

> これを押えるのが決め手！
>
> ①日時・場所を知らせる→②アジェンダを知らせる→③出席の有無を聞く

Subject: Meeting on May 6

Dear staff:

1. This is to notify you that we will be holding our monthly meeting on May 6.

2. Time: 1:00 p.m. ~3:20 p.m.
   Location: Conference Room C in the head office.
   Agenda:

   1) 1:00 ~ 1:20 Report on recent increases in defect rates
   2) 1:20 ~ 2:20 Measures to be taken to decrease defect rates
   3) 2:20 ~ 3:20 Measures to be taken to meet deadlines

3. Participants: Johnny Garcia, Mary Smith from the quality department
   Harry Eisenberg, Jorge White from the production department
   Kazuhiko Nomura, quality department manager from the Chiba factory

4. Please let me know by April 25 whether or not you will be able to attend.

Best regards,
Brian Yoshida

> 日本語訳

件名： 5月6日の会議

1．5月6日に月例会議を実施いたします。
2．時間：午後1時より午後3時20分まで
　場所：本社会議室 C
　議題：
　　1）1時から1時20分まで　　最近の欠陥率増加の報告
　　2）1時20分から2時20分まで　欠陥率を低下させるための対策
　　3）2時20分から3時20分まで　締切期日に合わせるための対策
3．参加者：　　Johnny Garcia, Mary Smith（品質管理部）
　　　　　　　Harry Eisenberg, Jorge White（生産管理部）
　　　　　　　野村和彦、千葉工場品質管理部長
4．4月25日までに、出席できるかどうかをお知らせください。

> ビジネスライティング説得力 UP 講座

【ポイント1　明快度UP】

This is to notify you 〜. Please be advised 〜などで会議の開催日を通知し、Time（時間）、Location（場所）、Agenda（議題）、Participants（参加者）などを知らせます。
（アジェンダや参加者は、添付ファイルで知らせてもどちらでも OK です。）

【ポイント2　明快度UP】

Please let me know whether or not you will be able to attend by 月日．で出欠確認の締め切りを明記します。

> ライティング力 UP 講座　Let's write English!　（　）内の単語を使いましょう。

1〜12は会議のスケジュールの連絡、13〜18はスケジュール変更の際の連絡方法、19はテレコンフェレンスの連絡方法、20〜22は会議欠席の場合の連絡方法です。

1. 5月6日に月例会議を実施することをお知らせします。
   （Please be informed）

2. 次回の合同会議を6月8日金曜日午後1時から3時まで会議室Bで行う予定であることを、お知らせします。（This is to notify you / be scheduled for）

3. 時間は必要に応じて変更される可能性があります。（be subject to）

4. 会議は90分から2時間かかる、と見てください。（Please allow）

5. 添付いたしました次回の会議の議題をお読みください。
   （Please find attached / agenda）

6. 議題は下記の通りです。（as follows）

7. 下記は、これまでに申し出のあった仮の議題です。
   （The following / tentative / submitted）

8. もしご提案がありましたら、必要に応じて議題を修正いたしますのでお知らせください。（suggestion / so that we can revise it）

9. 会議の前には、添付書類をじっくり読んでください。（thoroughly）

10. 全員の参加が義務づけられています。（be required to）

11. 出席が義務づけられています。（mandatory）

12. ご出席の確認を、遅くても6月1日までにお願いします。
    （confirm your attendance）

13. 6月8日に予定されておりましたミーティングは、半数の人が出席できないためキャンセルとなりましたので、お知らせします。

(This is to notify you / be cancelled)

14. 変更の日時につきましては、決まり次第連絡させていただきます。
    (I will let you know / new date and time)

15. 次回のプロジェクト会議は、スケジュールが重なったために6月15日金曜日に変更になりました。(has been rescheduled for / schedule conflict)

16. 次回のプロジェクト会議は、会議室Cに変更になりました。
    (The location of / has been changed to)

17. 次回のプロジェクト会議は、午後2時から4時までが午後1時から3時までに変更になりました。(has been changed from ~ to ~)

18. 改めて出欠について6月6日までにご連絡ください。(availability)

19. 次回テレコンフェレンスは6月11日（月）中央ヨーロッパ標準時午前10時から11時（日本時間標準時午後6時から7時まで）まで予定されています。(be scheduled for / CET/ JST)

20. 6月15日の会議に出席させていただきます。(attend the meeting on ~)

21. 申し訳ございませんが海外出張のため、会議を欠席させていただきます。
    (be absent from)

22. ガルシア氏が私の代わりに出席いたします。(in my place)

よく使う表現　模範解答

1. **Please be informed** that we will be holding the monthly meeting on May 6.

2. **This is to notify you** that the next joint meeting **is scheduled for** Friday, June 8 from 1:00 p.m. to 3:00 p.m. in Conference Room B.

3. The time **is subject to** change if necessary.

4. **Please allow** from 90 minutes to 2 hours for the meeting.

5. **Please find attached** the **agenda** for the upcoming meeting.

6. The agenda for the meeting is **as follows**:

7. **The following** is a **tentative** agenda of items **submitted** so far.

8. If you have any **suggestions** about the agenda, please let us know **so that we can revise it** if necessary.

9. Please read the attached document **thoroughly** before the meeting.

10. All the members **are required to** attend.

11. Attendance is **mandatory**.

12. Please **confirm your attendance** by June 1 at the latest.

13. **This is to notify you** that the meeting scheduled for June 8th **is cancelled**, because half of the members are unable to attend.

14. **I will let you know** as soon as the **new date and time** are decided.

15. The next project meeting **has been rescheduled for** Friday, June 15 due to a **schedule conflict**.

9・会議

16. The **location of** the next project meeting **has been changed to** Conference Room C.

17. The time of the next project meeting **has been changed from** 2:00 p.m. to 4:00 p.m. **to** 1:00 p.m. to 3:00 p.m.

18. Please let me know your **availability** once again by June 6.

19. The next teleconference **is scheduled for** Monday, June 11 from 10 a.m. to 11 a.m. **CET** (from 6 p.m. to 7 p.m. **JST**).

20. I plan to **attend the meeting on** June 15.

21. I am sorry, but I will **be absent from** the meeting because of a business trip abroad.

22. Ms. Garcia will be attending the meeting **in my place**.

> 模範解答の講座

先生：会議日程、時間、議題の通知方法、またその変更の連絡の仕方、欠席の場合の通知のフレーズを勉強しましたが、身に付きましたか？

生徒：質問ですが、模範解答2の文だと This is to notify you that the next joint meeting is scheduled for Friday, June 8 from 1:00 p.m. to 3:00 p.m. in Conference Room B. のように会議開始時間も終了時刻も明記されていますが、会議開始時刻のみ書かれている通知文をよく目にします。

先生：会議終了時刻も明記するべきです。または模範解答4の **Please allow from 90 minutes to 2 hours for the meeting.** のように、おおよそかかる時間を記しましょう。

生徒：同じく模範解答2の文ですが、〜 is scheduled for Friday は間違いではないでしょうか？曜日の前には **on** が必要だと思います。

先生：be scheduled for ＋日時の用法を覚えましょう。

例：The welcome party is scheduled for 6 p.m.
（歓迎会は午後6時に予定されています）
この場合も6 p.m.の前にはatではなくforを使います。

生徒：模範解答7の文ですがtentativeの代わりにtemporaryか、provisionalを使ってもいいのですか？

先生：provisionalはフォーマルですが「仮の」の意味を持つので、使っても大丈夫です。

例：provisional agenda「暫定議題」、provisional agreement「仮契約」ですが、temporaryは「臨時の」を意味するので使えません。

例：temporary worker「臨時作業員」、temporary housing「仮設住宅」

生徒：模範解答18の文、そしてEメール本文4の出席の確認文でも、欠席の場合も連絡するようにお願いしていますね。

Please let me know by April 25 if you cannot attend the meeting.
など、欠席の場合のみ連絡してくださいの意味を持つ文もよく見かけますが、それでいいのでしょうか？

先生：出席の場合も欠席の場合も、必ず連絡してもらいましょう。

Chapter 9-2
議事録の送付

> これを押えるのが決め手！

①会議出席の感謝を述べる→②議事録を送付する→③修正点がないかを尋ねる

Subject : Meeting minutes

To whom it may concern:

1. Thank you for attending the project meeting on October 14.

2. We had a lively exchange of opinions at the meeting, which was beneficial for all of us.

3. I am sending you the meeting minutes as an attachment.
4. If there is anything to be revised, please inform me by October 17.

Best regards,

Johnny Clark

日本語訳

件名： 議事録

1. 10月14日のプロジェクト会議にご出席ありがとうございます。
2. ミーティングでは活発に意見交換ができ、私たちにとってとても有意義でした。
3. 添付の通り、議事録をお送りいたします。
4. 修正点がございましたら、10月17日までにお知らせください。

ビジネスライティング説得力 UP 講座

【ポイント1　丁寧度 UP】
Thank you very much for attending ～で感謝の気持ちを述べます。

【ポイント2　丁寧度 UP】
I am sending you the meeting minutes as an attachment や Attached are the meeting minutes. と明記して 議事録を送付します。

【ポイント3　信頼度 UP】
修正点は、If there is anything to be revised, please inform me by 日時 と記し期限付きで修正点があれば知らせてもらいましょう。

ライティング力 UP 講座　Let's write English!　（　）内の単語を使いましょう。

1. 皆様のおかげで、プロジェクト会議は成功に終わりました。（Thanks to ～）

2. 参加者からのご提案を反映させた議事録の修正版を、添付させていただきます。（revised minutes / reflecting）

3. 保留事項への取り組みをお願いできますでしょうか？
   （follow up on / pending issues）

4. 加えるべき点がございましたら、Eメールで折り返しお知らせください。
   （to be added / by return e-mail）

よく使う表現　模範解答

1. **Thanks to** all of you, the project meeting was successful.

2. Attached are the **revised minutes reflecting** the participants' suggestions.

3. Could you **follow up on** any **pending issues**?

4. If there is anything **to be added**, please let me know **by return e-mail**.

模範解答の講座

生徒：模範解答4の If there is anything to be added 〜. とEメール本文の If there is anything to be revised 〜の If 節にはなぜ something を使わず anything を使うのですか？

先生：付け加えるべき点があるか、修正すべき点があるかがはっきりわからないので anything を使います。Do you have any questions? の any と同じです。

生徒：模範解答4の please let me know by return e-mail の by return e-mail は間違いで by returning e-mail が正解ではないでしょうか？

先生：by return e-mail で「折り返し電子メールで」の意味を持つことをしっかり覚えましょう。

Chapter 9-3
会議の議事録のサンプル

> これを押えるのが決め手！

ウェリントン、ソウル、ハノイで安眠枕を発売することはすでに決定しています。地区販売担当者の決定、宣伝費の分担方法やポイントカードシステムの有効性についての会議の議事録です。各人が出身国の徹底的な市場調査とポイントカードシステムの有効性について調査することになりました。表に入れて議事録を作成すると見やすいので、参考にしてください。

Minutes	
Purpose of meeting	Discuss how to launch the Sound Sleep Pillow in Wellington, Seoul, and Hanoi.
Agenda	1. Decide who is responsible for which country. 2. How to promote the Sound Sleep Pillow (allocation of the budget for promotion, introduction of a point card system, etc.).
Time and date	October 14th, 2015, 1 p.m. to 3 p.m.
Location	Head Office, Room 101
Present	Ms. Matsui, Ms. Clark, Mr. Kim, Ms. Nguyen
Chairperson	Ms. Matsui
Minute taker	Ms. Clark
Summary of discussions and decisions	
Item 1 on agenda	All of the participants agreed to be in charge of their own countries as below.
Item 2 on agenda	It was decided to conduct thorough market research on the Sound Sleep Pillow before allocating the promotional budget (including research on the effectiveness of a point card system). **Persons in charge:** Wellington – Ms. Clark Seoul – Mr. Kim Hanoi – Ms. Nguyen Deadline for submission of market research: November 18th, 2015.
Next meeting	Next meeting to discuss follow-up actions scheduled for 1 p.m. to 3 p.m. on November 23 in Conference Room 306, Head Office.

日本語訳

議事録	
会議の目的	ウェリントン、ソウル、ハノイでのSound Sleep Pillow 発売方法についての話し合い
議題	1．誰がどの国を担当するか決定すること 2．Sound Sleep Pillowの宣伝方法 （宣伝費の割り当て方とポイントカードシステムの導入等）
日時	2015年10月14日　午後1時より午後3時
場所	本社　101号室
参加者	松井氏、Clark氏、Kim氏、Nguyen氏
議長	松井氏
議事録記録者	Clark氏
議論のまとめと決定事項	
議事項目1	参加者全員が下記のように出身国の担当になることに同意しました。
議事項目2	促進活動の予算を決定する前に、徹底的にマーケット調査をすること。 （ポイントカードシステムの有効性を含む） 担当者： ウェリントン：　Clark氏 ソウル：　Kim氏 ハノイ：　Nguyen氏 マーケットリサーチの提出期日：2015年11月18日
次回会議	次回会議はフォローアップアクションについて話し合うために、本社会議室306にて11月23日午後1時から3時に開催予定です。

10 説得力のある企画書の書き方と表現

Chapter 10-1
説得力のある企画書の書き方アドバイス3か条

1. 良い企画書を書くためには顧客の観点から考えて書かなければなりません。
   → 企画書には顧客がなぜあなたの提案を選ぶのか、その理由をはっきり示さなければなりません。

2. 5W1H "who" "what" "where" "how" "when" and "why" を書かなければなりません。
   （誰が、何を、どこで、どのように、いつ、そしてなぜ（目的）、必要な期間、コストを書きます）

   （これを押えるのが決め手！）

3. 特徴を書くのではなく、利点を書かなければなりません。

ビジネスライティング説得力UP講座

生徒：企画書は何枚にまとめればいいのでしょうか？

先生：1枚から数枚にまとめます。枚数が多すぎると企画書は読まれない場合もあるので注意しましょう。補足資料などは添付しましょう。

　　　生活者の立場からの発想でないと物が売れない時代です。利点を書きましょう。心のこもった企画書を書きましょう。

　　　Chapter 10-3は、生産年齢人口比率が高く平均年齢が高い国では栄養価の高い、短時間で調理できる食品が必要なので、代理店に冷凍うどんの販売促進を提案する企画書。

　　　Chapter 10-4は、日本は高齢化社会で新市場の開拓が必要なので、健康維持に大切なランニングシューズの独占代理店になる企画書。

　　　Chapter 10-5は、安眠のグッズ販売の社内企画書。

　　　Chapter 10-6は、スーパーが割引クーポン券を使って顧客を集客する社内企画書。

Chapter 10-3からChapter 10-6は、以上の企画書を作りました。すべて現代人の生活に密接に関連した企画書です。特にChapter 10-3〜Chapter 10-5は次のことを念頭に企画書を練りました。
Sufficient exercise, sound sleep, and eating well are essential for good health.（十分な運動、快眠快食は健康に不可欠ですの気持ちから企画書のサンプルを作りました）。

生徒：A good appetite, sound sleep and regular motions are three signs of good health.（快食、快眠、快便は健康の印）ですね。

先生：「心身の気遣いの販売促進が大切」なのです。楽しみながら企画書の作り方を勉強してください。

Chapter 10-2
企画書サンプルフォーマット例

Proposal「企画書」

Month Day Year「月/日/年」

Proposed by: Name「提案者・名前」

Project name「企画名」、Project leader「企画リーダー」、(Scheduled start date「開始予定日」、Scheduled completion date「完成予定日」)

1. Project objectives　新企画の目標

具体的な数値があれば記入しましょう。

例：① 製品Aの新製品を出すことで顧客層を30％拡大したいと思います。

We would like to expand our customer base by 30% by launching the new Product A.

② Mary Department Storeに専門店をオープンすることで売上を2倍にしたいと思います。

We would like to double our sales by opening a specialty store in Mary Department Store.

頻出使用単語　仮定のことは tentative, provisional を使いましょう。

予測されることは projected を使いましょう。

2. Project justification　新企画の立案理由

わかりやすく理由を説明しましょう。市場動向を挙げると説得力が増します。

例：① 製品Aの需要がますます高まっています。

There has been an increasing demand for Product A.

② 競合2社が（国名／地名）において製品Aで成果を上げています。

Two of our competitors are having success with Product A in 国名／都市名.

③ 今のところ（国名／地名）には競合がいません。

We have no competitors at this time in Country / Region.

④ 市場に一番乗りすれば大きな利益を得られます。
If our company is the first to the market, we can make good profits.

⑤ アジアへの迅速な戦略が今後の成長の鍵を握ります。
An agile strategy is the key to future growth in Asia.

3. Project scope　計画範囲
① Short-term objective / In scope　短期目標
② Mid-term objective　中期目標
③ Long-term objective / Out of scope　長期目標
④ Final objective / Deliverables　最終目標

4. Target customers / Potential customers 「見込み客」

5. Approximate costs 「概算」

6. First year sales target 「初年度売上目標」
Operating profit target 「営業利益目標」

ビジネスライティング説得力UP講座

先生：何か質問はありますか？

生徒：Possible risks（リスクの可能性）は入れなくてもいいのですか？

先生：社内に提出する企画書には、入れると効果的になることもあります。Possible risks の項目には主語＋may〜.（主語は〜かもしれない）や主語＋can.（主語は〜であり得る）の文を使いましょう。

生徒：説得力のある企画書の書き方アドバイス3か条に5W1Hを書く必要があるとされていますが、Approximate costs（概算）は最初の企画書から必要でしょうか？

先生：ケースバイケースで、話を進めてから出す場合もあります。

生徒：もっと具体的に、Project justification の理由を教えてください。

先生：社内に提出する企画書と社外に提出する企画書では異なりますし、内容にもよります。長所と短所は背中合わせである例を、企画書サンプルフォーマットの2．新企画の立案理由の②と③を見てみましょう。

② 競合2社が（国名／地名）において製品Aで成果を上げています。
Two of our competitors are having success with Product A in 国名／都市名．

③ 今のところ（国名／地名）には競合がいません。
We have no competitors at this time in Country / Region.

生徒：上記2点は長所として挙げられていますが、相反するものであることがわかります。②については次のようにも考えられるのではないでしょうか？

● すでに（国名／地名）では競合が進出しているため、販売実績を上げるのは難しいかもしれません。
As our competitors have already expanded in Country / Region、it may be difficult to sell our products.

先生：いい点をついてますね！
生徒：プラス面もマイナス面もいろいろ考えることが大切なのですね。
先生：企画書を作るためには自分自身で、まずは考えていることを書き出しましょう。
　　　小さなことが大きな違いを生み出すことがあります。そして、それがユニークなセールスポイントになることがあります。また「私は、まだ企画書を作る必要はないわ～」と思っている人も、考えていることを書き出してみましょう。
　　　企画書を作り出す練習が将来必ず役に立つことは、間違いありません。

Chapter 10-3
社外へ提出する企画書（代理店へ提出する）

> これを押えるのが決め手！
>
> 日本食品を扱う商社がすでに契約している〜国の代理店に、冷凍うどんの販売を提案する企画書にチャレンジしましょう。

Proposal

January 5, 2015
Proposed by Norifumi Imagawa

Proposal name: Sales of frozen Japanese noodles, Udon. (Country / Region)

Project manager: Masao Higuchi

Project leader: Norifumi Imagawa

Scheduled start date: April 5, 2015

1. Project objectives

1. Start selling frozen Japanese noodles "Nihon Udon" (tentative name) to (Country / Region) and develop them into a leading brand in (Country / Region).

2. Project justification

1. There has been an increasing demand around the world for healthy food, and Japanese food is popular.

2. People in (Country / Region) seem to be getting more health-conscious in their busy lives.

3. Frozen Udon is sure to be a best-selling food in (Country / Region), judging from their lifestyles.

4. By letting people in (国名／地名) know that Udon is good for their health and well-suited to their busy lifestyles, the demand for Udon will increase.

   The benefits of Udon:
   ① The main ingredient of Udon is carbohydrates. Carbohydrates turn into glycogen in the body.
   ② Glycogen is a source of energy not only for the body, but also for the brain.
   ③ Udon is digested and absorbed more quickly than other foods.
   ④ It is good not only for people who need to concentrate, but also for children.
5. The Japanese population in (Country / Region) is ～ and has been increasing. They want to eat real Japanese Udon.
6. If our company is the first to the market, we can make good profits.

3. Project scope

① Short-term objective

Hold food tasting events, inviting retailers and restaurants, and increase the customer base by 10% in the first year.

② Mid-term objective

Distribute "Nihon Udon" (tentative name) to 100 retailers in (Country / Region) and increase the customer base.

③ Final objective

Distribute more healthy and typically Japanese food items in (Country / Region).

4. Target customers The 5～90 age range

5. Approximate costs Currency XXXX (ingredients: XXX, labor: XXX, promotion: XXX)

6. First year sales target XXXX
   Operating profit target XXX

> 日本語訳

企画書

2015年1月5日
提案者　今川則文

企画名　冷凍日本製麺、うどんの（国名／地名）への輸出
プロジェクトマネージャー　樋口正雄
プロジェクトリーダー　今川則文　　開始予定日　2015年4月5日

1. プロジェクトの立案
日本うどん（仮称）を（国名／地名）で販売し（国名／地名）で有名な銘柄にする。

2. 立案理由
1. 世界では、ますます健康食の需要が高まり、日本食の人気があります。
2. ～の人々は多忙な生活の中で、ますます健康に気を使うようになってきているようです。
3. 冷凍うどんは（国名／地名）の人たちの生活様式から考えて、よく売れる食品になるに違いありません。
4. うどんが体によく、多忙な生活に適していることを消費者に理解させることで需要が高まります。下記はうどんの利点です。
① うどんの主成分は炭水化物です。炭水化物は体内でグリコーゲンに変化します。
② グリコーゲンは、体だけでなく脳のエネルギー源にもなります。
③ うどんは他の食物よりも早く消化吸収されます。
④ 集中力が必要な人だけでなく子供にも良いです。
5. （国名／地名）に住む日本人の人口は～で増加しています。彼らは本当の日本のうどんを食べたいと思っています。
6. 市場に一番乗りすれば大きな利益を得ることができます。

3. 計画範囲
① 短期目標
試食会を開き、小売業者やレストランを招待し、初年度に顧客基盤を10％増加させます。

② 中期目標
日本うどん（仮称）を（国名／地名）の100の小売店に流通させ、顧客基盤を増やします。

③ 最終目標
さらに多くの健康によい代表的な日本食を（国名／地名）に流通させます。

4. 見込み客　5〜90歳

5. 概算経費　貨幣単位　XXXX　（原材料（XXX）、労力（XXX）、宣伝費（XXX））

6. 初年度売上目標　〜貨幣単位 XXXX
　　営業利益目標　　〜XXX

Chapter 10-4
社外への企画書（独占代理店申し込み）

Proposal
June 5, 2015
Proposed by Sayaka Imagawa

Proposal name Exclusive Distributor Contract for Fashionable Healthy Running Shoes
Project leader Sayaka Imagawa

1. **Project objectives**
   ① To expand sales of Fashionable Healthy Running Shoes through our exclusive distributorship.

2. **Project justification**
   1. We were able to sell 1,000 pairs of Fashionable Healthy Running Shoes in three weeks. Considering these sales results and our market research, we wish to become your exclusive distributor of Fashionable Healthy Running Shoes in Japan.

   2. The average life expectancy in Japan is 80 years for men and 86 years for women.
      Japan has the highest life expectancy in the world.

   ① The aged population will increase. The number of Japanese suffering from locomotive syndrome has been increasing.

   ② Locomotive syndrome has been featured many times as a health problem on TV, in newspapers and magazines.

3. Most Japanese realize that it is important for individuals to take effective measures to cope with locomotive syndrome after middle age. They also know that walking is the first step toward preventing locomotive syndrome.

4. Considering the light weight, flexibility, fashionable designs, and prices of Fashionable Healthy Running Shoes, we believe they will be a big hit in Japan.

3. Project scope
① Short-term objective
Advertise Fashionable Healthy Running Shoes on our website and in the monthly magazine "The Healthy Life" which has one of the largest circulations in Japan. Carry reviews on our website. Sell them both through our two specialty stores in major department stores and our ten retail stores, as well as through online shopping.

② Mid-term objective
Promote Fashionable Healthy Running Shoes to various kinds of organizations, such as gyms and nursing homes.

③ Final objectives
Make Fashionable Healthy Running Shoes the most popular brand of shoes of their kind in Japan.

4. Target customers
The 40~100 age range.

5. Total budget estimates　XXXX　(including labor XXX, promotion XXX, miscellaneous costs XXX)

＊Please refer to the attached for details.

> 日本語訳

企画書

2015年6月5日
提案者　今川さやか

企画名　　　　　　Fashionable Healthy Running Shoes 独占代理店契約
プロジェクトリーダー　今川さやか

1．プロジェクトの立案

① Fashionable Healthy Running Shoes を日本で弊社の販売網によってのみ販売し売り上げを拡大すること

2．立案理由

1．3週間で御社の Fashionable Healthy Running Shoes 1,000足を売り切ることができました。この販売実績とマーケットリサーチの結果より、日本における Fashionable Healthy Running Shoes の独占代理店になることを希望いたします。

2．日本人の平均寿命は男性80歳、女性86歳です。日本は世界で一番の長寿国です。

① 高齢化社会は進みます。ロコモティヴシンドロームで苦しむ日本人が増加しています。

② ロコモティヴシンドロームは健康上の問題としてテレビ、新聞や雑誌で何回も特集されています。

3．日本人の大半が中年以降、このロコモティヴシンドロームに対処するために効果的な対策をとることが大切だと気付いています。また、彼らは歩くことがロコモティヴシンドロームを防ぐ第一歩だと知っています。

4．Fashionable Healthy Running Shoes の軽さ、柔軟性、ファッショ

ナブルなデザインと価格を考慮した場合、Fashionable Healthy Running Shoes が日本で大ヒットとなると確信しています。

3．計画範囲（目標）

　① 短期目標

Fashionable Healthy Running Shoes を弊社ホームページと The Healthy Life という名の、日本で発行部数の多い月刊誌で宣伝します。お客様のレビューをホームページに載せます。
大手デパートの専門店2店、小売店10店、オンラインショッピングで販売します。

　② 中期目標

Fashionable Healthy Running Shoes をジムや老人ホームなどの組織に売り込みます。

　③ 最終目標

Fashionable Healthy Running Shoes をこの種類の靴の中で一番人気のある靴にします。

4．対象顧客

　40歳から100歳までの人

5．総予算見積もり　XXXX　（労力 XXX、宣伝費 XXX etc.）

＊詳細は添付書類をご覧ください。

Chapter 10-5
社内への企画書1

"Sound Sleep Fair" Event Proposal

1. **Proposal name**　Healthy life through sound sleep
   Project leader　Risa Clark

2. **Project objectives**
   To offer a free workshop titled "How to sleep soundly" in order to promote Sound Sleep Goods to customers.

3. **Project justification**
   1. According to one survey, about XX% of people suffer from insomnia.
      YY% of people have some trouble sleeping.
   2. Many people are not familiar with sleeping goods.
   3. By offering a workshop on sleeping soundly, we can attract customers and boost sales.
   4. It is expected that this will pull in more customers.

4. **Target customers**
   The 20~90 age range.

5. **Contents**
   ① Lectures by an expert on the mechanism of sound sleep.
   (By learning about the mechanism of sound sleep, customers can learn the importance of sleeping goods.)
   ② Let customers try out our Sound Sleep Goods, such as pillows, nightwear, and lighting. This may result in them purchasing

our Sound Sleep Goods.
③ By trying our well-fitting pillows and nightwear, customers will come to want to purchase them.
④ By letting customers try our well-fitting pillows and nightwear, we will also be able to get custom orders.

6. **Possible risks**
Some customers may think our made-to-order pillows and nightwear are expensive.
Production may not be able to keep up with demand.

7. **Schedule**
Preparation period　　　Two months　2016 January～2016 February
Implementation period　Two months　2016 March～2016 April

8. **Total budget estimates**　XXXX　(labor XXX, promotion XXX, consulting XXX, facilities XXX, miscellaneous costs XXX)

日本語訳

「快眠フェア」イベント企画書

1. **企画名**　快眠を通した健康生活
   プロジェクトリーダー　**Risa Clark**

2. **企画の目標**
   「快眠法」というタイトルの無料講習会を提供することでSound Sleep Goodsをお客様に売り込みます。

3. **企画提案理由**
   1. 調査によると、約XX%の人が不眠に悩んでいます。YY%の人が何かの睡眠障害に苦しんでいます。
   2. 多くの人が、快眠グッズについて知りません。

3．快眠に関しての講座を提供することで集客し、販売促進することができます。
4．集客効果が期待できます。

4．対象顧客
20歳から90歳までの人

5．内　容
① 快眠に関する専門家が講義します。
（顧客は快眠のメカニズムを学ぶことで、安眠グッズの重要性について学べます。）
② 顧客に枕、寝間着、照明などの Sound Sleep Goods を経験してもらいます。顧客が Sound Sleep Goods を購入することになるかもしれません。
③ サイズに合った枕や寝間着を体験することで、顧客は購入したい気持ちになります。
④ お客様にサイズに合った枕や寝間着を体験してもらうことで、オーダーメードの注文も取ることができます。

6．考え得るリスク
顧客は、オーダーメードの枕や寝間着を価格が高すぎると考えるかもしれません。生産が間に合わないかもしれません。

7．スケジュール
準備期間　2か月　2016年1月より　〜2016年2月
実施期間　2か月　2016年3月より　〜2016年4月

8．合計見積もり概算　XXXX　（労力 XXX、宣伝 XX、コンサルティング XXX、施設 XXX、雑費 XXX）

Chapter 10-6
社内への企画書２　クーポン券の導入

Proposal

June 5, 2015

Proposed by Kiyoshi Kawasaki

1. **Proposal name**　Introduction of coupons with advertising catch phrases.

   Project leader　Kiyoshi Kawasaki

2. **Project objectives**

   To increase sales by introducing "Happy Shopper" coupons which are useful in daily life.

3. **Project justification**

   1. Nowadays it is easy to get coupons. Some customers are happy with discount coupons and take advantage of them.
      On the other hand, there are some customers who miss out through bad timing.

   2. In order to attract customers, I suggest introducing daily discount coupons with catch phrases, which are useful in daily life, in the first and the third week of the month.
      This will lead to an increase in sales.

   3. We should issue coupons according to customers' needs. For example, we should issue food coupons on weekends because there are more customers buying food then than on weekdays.

4. **Possible risks**

   There may be only a small percentage of customers who do their shopping only on the days when they can use discount coupons.

5. **Target customers**
   Those living within a radius of three miles of our retail shops.

6. **Distribution method**
   Placing advertising leaflets in community newspapers.
   Carrying coupons on our company website.

7. **Estimated effectiveness**
   The number of customers will increase by 20% per month.
   Sales will increase by 15% per month.

8. **Total budget estimates** currency unit XXX（Printing XXX, Distribution XXX）

Daily coupons / First and third week of the month

Day	Discounted Items	Catch phrase
Monday	Stationery	Ready for work and school!
Tuesday	Clothing	Treat yourself to a present!
Wednesday	Pet goods	Presents for your beloved pets!
Thursday	Vegetables direct from the farm	Let's have organic vegetables!
Friday	Shoes	Take care of your feet!
Saturday	Fish / Fruit	Better health through eating!
Sunday	Beef / Vegetables	Build up your energy for tomorrow!

社内向け2　クーポン券の導入

日本語訳

企画書

2015年6月5日
提案者　　川崎清

1. 企画名　　　　キャッチフレーズのついたクーポン券
　企画リーダー　　川崎清

2. プロジェクトの立案
日常生活に役立つ「Happy Shopper」クーポン券の導入で販売を促進すること。

3. 立案理由
1. クーポンが容易に手に入る昨今です。割引クーポンに満足してうまく利用している顧客もいます。一方ではクーポン券使用のタイミングを逸している顧客もいます。

2. 集客するためにキャッチフレーズ付きの日常生活に役立つ日替わり割引クーポンを毎月1週目と3週目に導入することを提案します。これは売り上げの増加につながります。

3. 顧客のニーズに合わせてクーポンを発行します。例えば週末は平日よりも食料品を買う顧客が多いので食品クーポンを発行します。

4. 起こり得るリスク
割引クーポン券を使える日にしか買い物をしない客が、低い割合ながら存在するかもしれません。

5. 顧客ターゲット
小売店から半径3マイル以内に住む住民。

6. 配布方法
コミュニティ新聞への折込広告。
会社のホームページに掲載。

7．予測効果
来客数が月平均20％増加します。
売上高が月平均15％増加します。

8．概算予算合計　　貨幣単位 XXX（印刷 XXX、配布 XXX）

毎日のクーポン（第1週目と第3週目）

曜日	割引商品	キャッチフレーズ
月曜日	文具	仕事と学校へ行く準備だよ！
火曜日	衣料品	自分へのプレゼントを贈ろう！
水曜日	ペット用品	愛しいペットにプレゼントを贈ろう！
木曜日	産地直送野菜	有機野菜を食べよう！
金曜日	靴	あなたの足をいたわりましょう！
土曜日	魚・果物	食べて健康的な生活を過ごそう！
日曜日	牛肉・野菜	明日のエネルギーを蓄えましょう！

11 社内外のお祝い・お見舞い・お悔やみ

Chapter 11-1
昇進・転勤・受賞・創立記念・支店開設のお祝い

> これを押えるのが決め手！

①昇進を祝福する→②功績をたたえる→③活躍を祈る

Subject : Congratulations on your promotion

Dear Mr. Baker:

1. Congratulations on your promotion to the position of manager of the marketing department.

2. We believe that you are the right person to fill this position in view of your leadership qualities and outstanding achievements.

3. We are sure that with your enthusiasm and creativeness, the marketing department will be the driving force in your overseas expansion.

4. Our best wishes for your continuing success in your new position.

Best regards,

Emiri Uno

日本語訳

件名： ご昇進おめでとうございます

1. マーケティング部の部長へのご昇進、おめでとうございます。
2. 貴殿のリーダーシップ、素晴らしい業績を考えれば、あなたはこの役職の適任者でいらっしゃると確信しております。
3. 貴殿の熱意と創造性でマーケティング部は御社が海外進出する上で推進力になられると信じております。
4. 新しい役職で素晴らしいご成功を収められますことを、お祈りいたします。

ビジネスライティング説得力 UP 講座

【ポイント1　信頼度 UP】

Congratulations on your promotion to the position of ～. や We are delighted (pleased) to hear of your promotion to the position of ～. 等でお祝いの気持ちを伝えましょう。

【ポイント2　信頼度 UP】

in view of your achievements（あなたの素晴らしい業績を考えれば）など、業績をたたえ、昇進はそれに値するものであると記しましょう。

【ポイント3　信頼度 UP】

We are sure ～. や We believe ～. で　新職務においても業績を上げられる旨を記しましょう。

ライティング力 UP 講座　Let's write English! （　）内の単語を使いましょう。

1～4は昇進のお祝い、5～6までは昇進・転勤の両方に使えるお祝い、7は転勤に使うフレーズ　8～9は受賞のお祝い、10は創立記念、11は支店開設　12と13は両方に使えるフレーズです。主語 We で練習しましょう。(8、10、11以外)

1. 広報部マネージャーのご昇進、お喜び申し上げます。
   (be delighted / promotion to the position of)

2．貴殿の業績が今回の昇進として報いられたのだと思います。
（have been rewarded by）

3．ABC 商事はとても良い選択をされたと思います。（make a good choice）

4．あなたが受けて当然の昇進だと思います。（you thoroughly deserve）

5．新しい職務におかれましても、大きな実績を上げ（大きな成功を収め）られますことを確信しております。（achieve）

6．新しい職務においても、ますますの成功を心からお祈り申し上げます。
（extend our best wishes for your success）

7．ベトナムで地域社会に融合し、大きな成功を収められると信じております。
（integrate oneself into 〜）

8．東京でのインターナショナルデザインコンテストのオフィス家具デザイン部門での優勝、おめでとうございます。（Congratulations on / win first prize）

9．あなたの実力が受賞によって評価されたことを、大変うれしく思います。
（receive recognition）

10．この度は創業30周年、おめでとうございます。
（your company's founding）

11．この度は香港支店開設、おめでとうございます。（the opening of 〜）

12．御社の一層のご成功とご繁栄をお祈りします。（All best wishes for）

13．これからも、御社との良い関係が続くことを願っております。
（continue our good relationship with 〜）

11・社内外のお祝い・お見舞い・お悔やみ

よく使う表現　模範解答

1. We **are delighted** to hear of your **promotion to the position of** manager of the public relations department.

2. We believe your achievements **have been rewarded by** this promotion.

3. We believe ABC Trading has **made a good choice**.

4. We believe this is a promotion **you thoroughly deserve**.

5. We believe that you will **achieve** great success in your new position.

6. We would like to **extend our best wishes for your success** in your new position.

7. We are sure you will be able to **integrate yourself into** the local community in Vietnam and will enjoy great success there.

8. **Congratulations on winning first prize** in the office furniture design category at the International Design Contest in Tokyo.

9. We are glad that, with this prize, your abilities have **received recognition**.

10. Congratulations on the 30th anniversary of **your company's founding.**

11. Congratulations on **the opening of** your Hong Kong Branch.

12. **All best wishes for** the future success and prosperity of your

company.

13．We hope to **continue our good relationship with** your company.

> 模範解答の講座

生徒：Congratulations on 〜．の Congratulations にはなぜ s が付くのですか？

先生：いい質問ですね！お祝いの言葉、幸せを祈る言葉、よろしくの挨拶、哀悼の意を示す言葉には s を付けます。たくさんの気持ちが込められているからです。

幸せを祈る言葉　Best wishes!
Our best wishes to you and your family.
（あなたとご家族に幸せが訪れますように）
Our best wishes for the coming year.
（来る年が良い年でありますように）
Best regards.（今後ともよろしく）
Please accept our deepest condolences over your father's passing.
（お父上のご逝去に心からお悔やみの言葉を申し上げます）

生徒：模範解答 8．Congratulations on winning first prize 〜（〜での優勝（1位）おめでとうございます）のフレーズですが、first の前に the が必要なのではないでしょうか？

先生：〜位の場合は数詞の前に the が不要であることをしっかり覚えましょう。
例：second prize（2位）、third prize（3位）

生徒：この講座では主語は We で練習しましたが、お祝い・お見舞い・お悔やみメールの場合は主語を We にするか I にするかで悩みます。

先生：メールの受取人と親しく個人的に送る場合は主語は I、会社として送る場合は We です。臨機応変に I か We かを選びましょう。

Chapter 11-2
昇進・転勤のお祝いへのお礼

> これを押えるのが決め手！

①祝福に感謝する→②昇進の感想を記す→③昇進は皆様のおかげと感謝する→④今後の支援もお願いする。

Subject: RE: Congratulations on your promotion

Dear Ms. Uno:

1. I would like to express my gratitude for your kind email congratulating me on my promotion.

2. I am honored to be promoted to the position of manager of the marketing department.
3. I believe I was able to get this promotion thanks to my business partners, including you, and my staff members.

4. I will make every effort to live up to your expectations.

5. Thank you again for your kind words and good wishes.

Sincerely,

Thomas Baker

日本語訳

> **件名： RE：ご昇進おめでとうございます**
> 1. 私の昇進に際しまして心のこもったEメールをいただき、ありがとうございます。
> 2. マーケティングの部長に昇進することができまして、とても光栄です。
> 3. 昇進できましたのは、御社をはじめとする取引先の皆様と弊社スタッフのお陰と存じます。
> 4. 皆様のご期待に添うように努めてまいります。
> 5. 温かいお言葉と励ましに今一度お礼を申し上げます。

ビジネスライティング説得力UP講座

【ポイント1　丁寧度UP】
I would like to express my gratitude for 〜と、お祝いに感謝します。

【ポイント2　信頼度UP】
I am honored to be promoted to the position of 〜. などで昇進の感想を述べます。

【ポイント3　説得力UP】
I will make every effort to live up to your expectations や I look forward to your continued support などで、これからの関係を続け支援をお願いします。

ライティング力UP講座　Let's write English!

（　）内の単語を使いましょう。

1. 親切なお祝いメールをいただき、ありがとうございます。（congratulatory）

2. 御社のご協力のおかげで、イングランド市場参入プロジェクトにも成功いたしました。（achieve / extend our market into 〜）

3. 私の新たな職務を果たせるように、全力を尽くします。

（fulfill my new responsibilities）

4．これからも、ご支援と貴重なアドバイスをお願い申し上げます。
（continued support）

> よく使う表現　模範解答

1．Thank you very much for your kind **congratulatory** e-mail.

2．Thanks to your cooperation, we were able to **achieve** success in our project of **extending our market into** England.

3．I will do my best to **fulfill my new responsibilities**.

4．I look forward to your **continued support** and valuable advice.

> 模範解答の講座

生徒：模範解答4．I look forward to your continued support ～. の continued は分詞形容詞で continued support で「継続する支援」を意味するのですね。
　　　continuing、continuous、continual とは意味がどのように違いますか？
先生：仕事関係なら continued support を使うのが一番自然です。
　　　ですが continuing support でも OK です。
　　　continuous は「絶え間なく」、continual「断続的な」を意味するので不自然です。
　　　Chapter 11-1のEメール本文4．Our best wishes for your continuing success in your new position.（新しい役職で素晴らしいご成功を収められますことを、お祈りいたします）
　　　では continuing success が使われています。この場合は continuing support が一番自然ですが continued support でも OK です。
　　　continue は、分詞形容詞にした時に continuing でも continued でも意味が変化しない特殊な単語です。

ビジネスによく出る分詞形容詞と名詞の組み合わせについて覚えましょう。

● **過去分詞形容詞の代表例**
① attached form（添付書類）
② approved application（認可された申込書）
③ enclosed envelope（同封の封筒）
④ written request（要望書）
⑤ discontinued product（製造中止の商品）

● **現在分詞形容詞の代表例**
① existing customer（現在いる顧客）

Chapter 11-3
婚約・結婚・出産のお祝い

> これを押えるのが決め手！

①お祝いを述べる→②褒め言葉などはなむけの言葉を送る→③末永い幸せを祈る

Subject: Congratulations on your marriage

Dear Mr. Jackson:

1. I would like to extend my congratulations on your marriage.

2. I am delighted to learn that your partner is Cathy, who showed me around your factory.
3. She is very kind and charming, so I am sure she will make a good wife.
4. If you don't mind, could you send me a wedding photo?

5. Wishing the happy couple the best of luck and future prosperity for your family!

Best regards,

Mami Sawaguchi

> 日本語訳

> 件名： ご結婚おめでとうございます
> 1．ご結婚おめでとうございます。
> 2．あなたのご結婚相手が、御社の工場を案内してくれた Cathy だと知って大変喜んでいます。
> 3．彼女はとても親切でチャーミングな女性なので、きっと良い奥様になられると思います。
> 4．よろしければ、ご結婚のお写真をお送りください。
> 5．幸せなお二人のご多幸と、ご家族の繁栄をお祈りします。

ビジネスライティング説得力 UP 講座

【ポイント1　明快度 UP】

I would like to extend my congratulations on your 〜. の 〜に the engagement（ご婚約）、the birth of your son / daughter（出産）を入れ替えて応用します。

【ポイント2　信頼度 UP】

結婚、婚約相手と面識がある場合は本文2、3のように褒めます。If you don't mind, could you send me a wedding photo? で相手は、興味を持っていることを喜ぶでしょう。

【ポイント3　明快度 UP】

本文ではカップル向けになっているので、Wishing the happy couple 〜. です。Wishing ＋ 人 ＋ the best luck 〜. を応用して使いましょう。

ライティング力 UP 講座　Let's write English!　（　）内の単語を使いましょう。

赤ちゃん誕生のお祝いフレーズです。

1．ご令息 Brian 君のご誕生、おめでとうございます。（Congratulations on）

2．あなたの赤ちゃんの Brian 君と一緒にいる、あなたの幸せな笑顔が目に浮かびます。（picture）

3．赤ちゃんの健やかなご成長と幸せをお祈りします。
　（Wishing / all good health and happiness）

4．あなたのご家族と、可愛い男の子の幸せをお祈りします。（Best wishes to）

よく使う表現　模範解答

1．**Congratulations on** the birth of your son, Brian.

2．I can **picture** your happy smiling faces with your baby, Brian.

3．**Wishing** your baby **all good health and happiness**.

4．**Best wishes to** your lovely little boy and all your family.

模範解答の講座

生徒：picture が「目に浮かぶ」の意味もあるなんて、何だかうれしいです。
　　　ところで模範解答3の文ですが I pray for the health and growth of your baby. でもいいのですか？
先生：pray for は、この場合不自然です。
生徒：pray は宗教的な意味を持つからですか？
先生：無神論者には、たしかに pray を使うことを避ける人が多いです。ここでは wish が「祈る」の意味を持つことを、しっかり覚えましょう。模範解答3の Wishing ＋人＋ all good health and happiness の方が自然なので応用して使えるようになりましょう。
　　　また、最近では I pray ＋主語＋動詞よりも I hope ＋主語＋動詞の方が一般的であることも、しっかり覚えましょう。

Chapter 11-4
病気・事故・災害のお見舞い・励ましとその礼状

> これを押えるのが決め手！

①心配している旨を述べる→②回復を祈願する

Subject : Get well soon

Dear Mr. Sam Hill:

1. I am sorry to hear that you were hospitalized due to a sudden illness.
2. I am worried that you may have become sick because of working too hard on our joint project.

3. I hope you will recover soon.
4. I remember that you loved listening to Japanese music, so I am sending you a CD under separate cover.
5. I hope this CD will cheer you up.

6. Please take good care of yourself.

Best regards,

Tomoko Yasui

> 日本語訳

> 件名： 早いご回復をお祈りします
> 1. 急病で入院されたと聞いて胸を痛めております。
> 2. 弊社とのジョイントプロジェクトに没頭してくださったので、ご病気になられたのではと心配しております。
> 3. 一日も早いご回復をお祈りします。
>
> 4. あなたが日本音楽の鑑賞がお好きだということを覚えておりますので、別便でCDを送らせていただきます。
> 5. このCDを聴いて、あなたが元気になられることを希望いたします。
> 6. どうぞご自愛ください。

> ビジネスライティング説得力UP講座

先生：病気・事故・災害見舞は、短くても心のこもった言葉でお見舞いの気持ちを表現しましょう。災厄について事細かに記したり質問することは避けましょう。

【ポイント1　信頼度UP】
I am sorry to hear 〜. I am surprised to hear 〜. で驚きと心痛を述べます。

【ポイント2　信頼度UP】
I hope you will recover soon. や I wish for your speedy recovery. などで励ましを述べます。

また、別便で（under separate cover）、CDなどのお見舞いの品を送ることを記すのもいいでしょう。

> ライティング力UP講座　Let's write English!　（　）内の単語を使いましょう。

1は病気の場合、2は交通事故、3は病気・交通事故両方、4〜9は地震のお見舞い、10はすべてのお見舞いに使えるフレーズです。（主語は I で練習）

1．（あなたが）ご病気で入院されているとのこと、お見舞い申し上げます。

（be sick in hospital）

2. あなたが交通事故にあい負傷されたと知り、驚きました。（be injured in）

3. 回復に向かわれているとのことを聞き、安心いたしました。
（be relieved to）

4. 昨夜の地震が御社の本社近隣だったので、心配しております。
（earthquake / hit）

5. 御社の本社が地震の被害を受けたと聞き、ショックを受けております。
（be damaged by）

6. 皆さんはご無事かと、とても心配しております。（be concerned for）

7. ニュースで、この地震で負傷者が出たことを知りました。（be injured）

8. 負傷された方々が、早くよくなられますように。（recover soon）

9. 早急な御社工場の復旧をお祈りします。（resume operations）

10. お手伝いできることがありましたら、ご遠慮なくどうぞお知らせください。
（If you need help）

よく使う表現　模範解答

1. I am sorry to hear that you **are sick in hospital**.

2. I was surprised to learn that you **were injured in** a traffic accident.

3. **I was relieved to** hear that you are getting better.

4. I am worried because last night's **earthquake hit** the area where

11・社内外のお祝い・お見舞い・お悔やみ

your head office is located.

5. I am shocked to hear that your head office has **been damaged by** the earthquake.

6. **I am** really **concerned for** everyone's safety.

7. I heard in the news that several people have **been injured** in this earthquake.

8. I hope the injured people will **recover soon**.

9. I hope your plant will rapidly **resume operations.**

10. **If you need help,** please don't hesitate to let us know.

模範解答の講座

生徒：Chapter 11-3の模範解答講座で教えてもらったように、模範解答8にも9にもI hope＋主語＋動詞が使われていますね。やはりI prayは使わない方がいいのですね。

先生：そうです。もしあなたがprayを使いたいなら、次のような表現があります。
Praying for a full and speedy recovery.（早く完全に回復しますように）

My / Our thoughts and prayers are with you.（いつもあなたのことを考え祈っています）

生徒：I pray that everything goes smoothly.（万事うまくいくことをお祈りします）はどうでしょうか？

先生：I hope that everything goes smoothly。の方が自然です。
ここでは病気と自然災害のお見舞いのフレーズの勉強をしましたが、次のボキャブラリーも覚えましょう。

| 病気 illness / sickness | 地震 earthquake | 台風 typhoon |
| 洪水 flood | 竜巻 tornado | 火事 fire | ガス爆発 explosion |

Chapter 11-5
病気・事故・災害のお見舞いに対する礼状

> これを押えるのが決め手！

①見舞いに関する感謝→仕事に支障をきたした場合はお詫び→②病状と復帰時期の説明→③再び感謝

Subject : RE : Get well soon

Dear Ms. Yasui:

1. Thank you very much for your kind message and the CD.

2. First of all, I would like to apologize for having cancelled an appointment with you due to my sudden illness.

3. I am now recovering day by day.
4. I am supposed to be leaving the hospital on October 5th.
5. I hope I can return to the office on October 8th.

6. I have listened to the CD you gave me again and again in bed, and the Japanese songs have really cheered me up.

7. I really appreciate your support.

8. I am looking forward to working with you soon.

Best regards,
Sam Hill

> 日本語訳

> 件名： RE：早い回復をお祈りします
> 1. お優しいメッセージと CD を、ありがとうございます。
> 2. まず初めに、急病であなたとのお約束をキャンセルせざるを得なくなったことをお詫び申し上げます。
> 3. 私は日ごとに回復に向かっております。
> 4. 10月5日には退院する予定です。
> 5. 10月8日から職場に復帰したいと願っています。
> 6. 私はベッドで、あなたがくださった CD を何回も聴いていまして、この日本の曲は私を元気にしてくれました。
> 7. あなたが励ましてくださったことを、心から感謝しています。
> 8. すぐにあなたと一緒にお仕事ができることを楽しみにしています。

ビジネスライティング説得力 UP 講座

【ポイント1　丁寧度 UP】
Thank you very much for your kind message and ～. でお見舞いのお礼を記します。

【ポイント2　信頼度 UP】
I would like to apologize for having ～ + due to + …の～に cancelled an appointment や been unable to attend the conference. を入れ…に理由を入れます。

【ポイント3　信頼度 UP】
病気の場合は経過報告し、I hope I can return to the office on + 日付を入れます。災害の場合は被災状況を報告し、復旧にかかる日数等を記します。ライティング模範解答5を参照のこと。

【ポイント4　信頼度 UP】
お見舞い品（get-well present）をいただいた場合は、それを重宝している旨を必ず書き、再度お礼を述べましょう。

ライティング力 UP 講座　Let's write English!　（　）内の単語を使いましょう。

1〜2は被災したが大きな被害が出なかった場合の応答例、3〜5は被害が大きかった場合の応答例、6は両方の場合に使えます。7〜11は災害の後の状況説明の例です。

1. 地震についてお問い合わせくださり、ありがとうございます。
   （inquiring about）

2. 地震は弊社の事務所の近隣で起こりましたが、大きな被害をこうむっていません。（hit the area）

3. 地震の被害に関するご親切なEメールを、ありがとうございます。
   （damage from the earthquake）

4. まず初めに、地震のために会議に出席できなかったことをお詫び申し上げます。（apologize for）

5. 工場の復旧には3日かかります。（get our plant back in operation）

6. お心遣いに、心より感謝申し上げます。（be very grateful for）

7. 地震は都市周辺に多くの被害を与えました。
   （do a lot of damage / in and around）

8. 電気や電話だけではなく、公共の交通システムは混乱をきたしました。
   （be disrupted）

9. 昨夜は家に歩いて帰らなければならなくなり、6時間かかりました。
   （walk back home）

10. 通常は電車で1時間で帰宅できるのですが。（get home）

11. 今日は交通網の一部は正常に戻りつつあります。
    (transportation network / get back to normal)

よく使う表現　模範解答

1. Thank you very much for **inquiring about** the earthquake.

2. The earthquake **hit the area** where our office is situated, but our office has not been damaged badly.

3. I appreciate your kind e-mail about the **damage from the earthquake**.

4. First of all, I would like to **apologize for** having been unable to attend the conference due to the earthquake.

5. It will take three days to **get our plant back in operation**.

6. I **am very grateful for** your thoughtfulness.

7. The earthquake **did a lot of damage in and around** our city.

8. The public transportation system, as well as the electricity and telephone systems, has **been disrupted**.

9. Last night I had to **walk back home**, and it took me six hours.

10. It usually takes about one hour to **get home** by train.

11. Today some of the **transportation network** is **getting back to normal**.

> 模範解答の講座

先生：日本は自然災害が多く、災害に関する問い合わせが多くなりますね。

生徒：模範解答のフレーズは私がほしかったものばかりです。特に7から11はリアルでユニークです。

先生：Eメール本文での病気の場合のお見舞のお礼メールで状況説明や復帰時期を述べたのと同様に、災害の場合も仕事が正常に戻る時期を書きましょう。

生徒：模範解答5 It will take three days to get our plant back in operation.（工場の復旧には3日かかります）の get our plant back in operation を resume operations at our plant に入れ替え可能ですか？

先生：はい。入れ替えられます。

Chapter 11-6
お悔やみ文

> これを押えるのが決め手！

①逝去を悼む→②故人をたたえ、（遺族を思いやる）→③哀悼の意を示す

Subject : Condolences

Dear Mr. Crawford:

1. I am saddened to hear of the untimely passing of Mr. Bill Turner, your manager.
2. He was always kind, cheerful, creative and hardworking, and I had a great respect for him as a role model for business people.

3. I am sure he will be deeply missed by everyone who knew him.
4. Your great loss and sorrow is shared by me.

5. Please accept my deepest condolences.

Sincerely yours,

Kensuke Matsuki

日本語訳

件名： お悔やみ

1. 御社の部長の Bill Turner 氏の早すぎるご逝去を知り、悲しみに沈んでおります。
2. 氏はいつも親切で、明るくクリエイティブで勤勉な方でしたので、私はビジネスパーソンの鏡として彼をとても尊敬していました。
3. 彼を知る皆から偲ばれていらっしゃると思います。
4. 喪失感と悲しみを、皆様とともに私も抱いております。
5. 謹んでお悔やみを申し上げます。

ビジネスライティング説得力 UP 講座

【ポイント1　信頼度 UP】
I am saddened to hear ～や I was shocked and sorry to hear ～で逝去を悼みます。

【ポイント2　信頼度 UP】
名前＋was always kind ～. などで故人の人となりを称えます。Your great loss and sorrow is shared by me.（喪失感と悲しみを、皆様とともに私も抱いております）は遺族の悲しみを思いやった言葉です。

【ポイント3　信頼度 UP】
Please accept (my・our) deepest condolences. や Please accept (my・our) deepest sympathy は、哀悼の意を示す決まり表現です。

ライティング力 UP 講座　Let's write English!　（　）内の単語を使いましょう。

1. お母様が他界されたと伺い、お慰めの言葉が見つかりません。
   (express my condolences over ～ / passing)

2. あなたがお母様をビジネスパーソン、または母の鏡として尊敬されていたことを存じています。(role model for ～ / as well as)

3．今はあなたにとって、おつらい時期だとお察し申し上げます。(hard time)

4．謹んで、ご冥福をお祈りしたいと思います。(pray)

5．心からお悔やみの言葉を申し上げます。
　（accept my deepest sympathy over）

よく使う表現　模範解答

1．I am not able to find the words to **express my condolences over** your mother's **passing**.

2．I know that you respected her as a **role model for** mothers **as well as** business people.

3．This must be a **hard time** for you.

4．We **pray** that her soul may rest in peace.

5．Please **accept my deepest sympathy over** your mother's passing.

模範解答の講座

生徒：「他界」を passing を使って表現されていますが、demise や death との違いを教えてください。
先生：passing が一番よく使われていて一般的です。demise は death の婉曲語でフォーマルで新聞などの死亡報告記事によく使われます。death は直接的な言葉なので、避ける人もいます。
生徒：Please accept our deepest condolences. Please accept our deepest sympathy. の違いを教えてください。
先生：同じです。模範解答4は決まり表現として覚えましょう。この場合 pray は適切です。

Chapter 11-7
年末・クリスマス・新年の挨拶

> これを押えるのが決め手！

①楽しい休日を願う→②旧年中の挨拶→③新年の幸せを祈る

Subject: Happy Christmas and New Year

Dear Ms. Garcia:

1. We would like to extend our best wishes for the Christmas season and the New Year.
2. We appreciate your support and patronage in 20XX.

3. We hope that 20YY will be a happy and fruitful year for you.

Sincerely yours,

Momo Sasaki

日本語訳

件名： クリスマス・新年のご挨拶

1. 皆様が楽しいクリスマス休日と、新年をお迎えになられますように。
2. 20XX年中のご支援とご愛顧に感謝申し上げます。
3. 20YY年が実り多いハッピーな年でありますように。

ビジネスライティング説得力 UP 講座

先生：欧米では、クリスマス前に着くように年末にグリーティングカードを出す習慣があります。また通常クリスマスと新年の挨拶を同時に送ります。最近はクリスマスカードもクリスマスの日に E メールでやりとりすることも多くなりましたが、手書きの方が心がこもっていていいでしょう。ここでは年末の挨拶状とクリスマスカード、年賀状のフレーズを学びましょう。

【ポイント1　信頼度 UP】

相手の宗教がわからない場合は、クリスマスの挨拶は避けましょう。

【ポイント2　信頼度 UP】

We appreciate your support and patronage. で、支援とご愛顧に感謝します。

【ポイント3　信頼度 UP】

We hope that 20YY will be a happy year for you! と、幸多き新年を祈りましょう。

ライティング力 UP 講座　Let's write English!　（　）内の単語を使いましょう。

1. 新年あけましておめでとうございます。(Happy)

2. 皆様の新年のご多幸とご発展をお祈りいたします。
   (Our best wishes to you for)

3. メリークリスマス、そして新年おめでとう！(Merry Christmas)

4. 楽しいクリスマスと新年のご多幸と繁栄をお祈りします！
   (Wishing you a joyful ～)

5. あなたとご家族の皆様が、楽しい休暇を過ごされますように！
   (Wishing you)

よく使う表現　模範解答

1. **Happy** New Year!

2. **Our best wishes to you for** a happy and prosperous New Year.

3. **Merry Christmas** and a Happy New Year!

4. **Wishing you a joyful** Christmas and a happy and prosperous New Year!

5. **Wishing you** and your family a happy holiday!

模範解答の講座

生徒：Happy New Year の前に冠詞を付けるべきかどうかいつも迷うのですが、付け方について教えてください。

先生：一般的には冠詞の 'A' は文になった場合に必要です。Merry Christmas も同様です。

　　　例：I wish you a Happy New Year.
　　　　　I wish you a Merry Christmas!

模範解答1の Happy New Year! の場合は文になっていないので、冠詞の A は必要ありません。

模範解答3の Merry Christmas and a Happy New Year! のように少し長めのフレーズの場合は必要です。It's case by case で、場合によっては文になっていない場合でも必要です。

模範解答の講座の項目（復習すれば実力が付く）

1-1 丁寧な依頼表現 meet と meet with の違い / alternate と alternative の用法　20
1-2 I am afraid that I am unable to ～. の用法 / 月日の前の前置詞の使い方　23
1-3 Thank you very much for your prompt response. など prompt（迅速な）の使い方　27
1-4 I regret to ～と I regret ～ing の違い　32
1-5 ホテルの予約は for ～nights from + 月日を使う　36
1-6 I would like to confirm ～. と I am writing to confirm ～. など用件の簡潔な伝え方 / 倒置構文について　39
1-7 We appreciate it. と We would appreciate it. の違い / especially と more than anything else の使い分け / a most enjoyable の意味　45、46
1-8 inform me of と let me know の違い / 時の前の for の使い方　50、51
2-1 「引き継ぐ」を意味する単語 /「担当をしています」の表現5種類　54、55
2-2 「配置転換する」「転勤する」「出向する」「退職する」を意味する単語　59
2-3 fill in for と replace の違い　62
2-4 お知らせで使う Please note ～. Please be informed ～. と Please be advised ～. の違い / 急用の場合に使う if any urgent matters arise と緊急時に使う in case of emergency の違い　66
2-5 as of ～「～付で」の重要性　70
2-6 決まり表現 旧会社名 + will be renamed + 新会社名. と 決まり表現 主語 + reflect our wish to ～. の用法　74
2-7 決まり表現 主語 + will enable + 目的語 + to 不定詞の用法　78
2-8 be obliged to ～と be forced to ～の意味 / 増減の前に付ける前置詞 in / rise と raise の使い分け / We attached ～. と過去形にせず We have attached ～. と現在完了形にする理由 / 名詞と動詞の両方の意味を持つ invoice　82、83
2-9 offer a ～% off on + 製品と offer A to B を間違わないように　86
2-10 不定詞、動名詞をとる動詞 / 不定詞も動名詞もとる動詞 / in order to と so as to は目的を強調する場合に使う　90、91
3-1 「部数」を意味する copy / 能動態と受動態の使い方　96
3-2 soon と immediately の違い / 副詞節では未来のことも現在形 / 進行形の受動態 顧客についての単語（見込み客、既存客、お得意様）　102、103
3-3 forward「転送する」の用法　106
3-4 資料送付後の確認の表現 We would like to confirm whether you have received. と We are wondering if you have ～.　110
3-5 受注を断る場合の表現 discontinue と disclose の使い方　114
3-6 quotation と estimate の違い / FOB・CIF・CFR、CFN または C&F = Cost and Freight　119
3-7 letter of credit「信用状」について　127
3-8 reduce the price to ～と reduce the price by ～% の用法　130

3-9 「端数を切り捨て〜にする」を意味する round it off to 〜　133
3-10 I regret to 〜. と I regret 〜ing. の使い分け　136
3-11 in the meantime は「次の出来事までの間」を意味する。
　　 肯定文を使う The person will be back at work on May 17　140
4-1 注文に関する単語 place an order for / fill an order for / process an order for　144
4-2 受注確認してから出荷する日時がわからない場合の書き方
　　 in the week of April 20th（4月20日の週に）　allow 2-3 weeks for shipping　147、148
4-3 backordered items「入荷待ちの商品」と in-stock items「在庫のある商品」　152
4-4 注文品を変更する決まり表現 We would like to change 〜 from A to B　157
4-5 別の商品を勧める決まり表現 We are able to provide Model Super X1 as a substitute.　163
4-6 やむを得ない場合（注文をキャンセルする場合など）に使う We have no choice but to 〜、
　　 We have no alternative but to 〜、We are forced to 〜の用法　167
4-7 **副詞節と名詞節**　Please let me know when you receive your order. と Please let me know when you will receive your order. の違い　170
4-8 決まり表現 This is to inform you that ＋主語＋動詞の用法 / 比較級 far-farther-farthest と far-further-furthest の違い　174
4-9 決まり表現 Our terms of payment are 〜 days after receipt of the invoice.「お支払いの条件は請求書受領から〜日以内です」/ term ＝「期間」terms ＝「条件」termination ＝「満期」　177
4-10 **時制に関する間違い**　過去の年月日と現在完了形は使えない　180
4-11 決まり表現 〜 has advised us ＋主語＋動詞は「〜から連絡がありました」、be credited to 〜 と be deposited in 〜は「〜へ送金される」　183
4-12 deadline を使わず due date を使う理由 / **助動詞の過去の推量の形** / disregard と ignore の違い / We would like you to keep in mind 〜. と We would like you to understand 〜. の違い　187、188
4-13 Y0ou are expected to 〜は督促状では強いトーンである　191
4-14 respectively と otherwise の用法　195
5-1 「金額が1桁違っている」の表現　The price should be \$1,620 not \$16,200. / 相手にミスの指摘をする場合に大切な There is 〜構文　200
5-2 「〜に注意を向ける」を意味する bring one's attention to 〜 / We have to apologize to you 〜. は誠意ある謙遜表現、誤りの指摘、謝罪でトーンが和らぐ受身形　206
5-3 advise ＋人＋ of 〜は「人に〜を知らせる」　211
5-4 I assure you that ＋主語＋動詞は「あなたに（主語＋動詞）をお約束します」　215
5-5 Upon checking 〜は「〜をチェックするとすぐに」　219
5-6 arrange delivery of 〜は「〜の配達の手配をする」　222
5-7 Upon checking the goods delivered は「着荷商品をチェックすると」　225
5-8 We have looked into the matter and found out that 〜「本件を調査した結果〜であることがわかりました」　229
5-9 Upon checking the contents は「内容を確認するとすぐに」　233
5-10 「緩衝材」を意味する packing、cushioning material、buffer material、pad、shock absorber

363

5-11 「在庫点検」を意味する inventory inspection / dispose of 〜の意味　240
5-12 「保証期間内の修理」は in-warranty repair、「保証期間外の修理」は out-of-warranty repair　244
6-1 決まり表現 We would like to apply for your permission to 〜は「〜を許可申請させていただきたいです」　249
6-2 「転載する」を意味する reproduce 〜 in print と reprint　254
6-3 request a permit from 〜は「〜からの許可を依頼する」　258
6-4 さっと見てくださいは① Please give it one more check. ② Please give this a quick check. ③ please look over it.　261
7-1 enter into a 〜 contract は「〜契約を結ぶ」　266
7-2 決まり表現 We are sorry that we are unable to accept your proposal 〜. の用法 断る場合は at this time を入れると丁寧なトーンになる　270
7-3 現在進行形と currently を使うと、進行している状態が強調される　273
7-4 the draft contract with mark-ups indicating suggested changes は「希望を入れた修正入りの契約草案」　276
7-5 two copies が「2通」を意味する / be acceptable to 〜は「〜にとって異議がない」　279
7-6 「契約書の原本」は final version of the contract、「契約書草案」は draft version of the contract。　282
7-7 「マーカーでミスに印を付ける」は highlight a mistake、「付箋」は sticky note　285
8-1 相手を喜ばせる決まり表現「〜を見るのはあなたが初めてです」は You'll be the first to see 〜.　290
8-2 honorarium と reward の違い　293
8-3 You are welcome to 〜. と You are request to 〜. の違い　297
8-4 決まり表現 I am pleased to accept your invitation to 〜。の用法 / distinguished と distinguishable の違い　300
8-5 招待を断る理由は due to my business trip to 〜や due to a previous engagement など無難な理由を書く　302
9-1 会議の終了時刻がはっきりしない場合の表現 / tentative、temporary、provisional の違い　309
9-2 If there is anything to be revised 〜, (修正点がございましたら〜) の用法　312
10-2 Possible risks の項目には主語 + may + 動詞の原形 か主語 + can + 動詞の原形を使う　318
11-1 Congratulations や condolences が複数で使われる理由　339
11-2 分詞形容詞 continued と continuing の意味と continuous と continual の違い　342
11-3 picture は「目に浮かぶ」も意味する　346
11-4 病気と自然災害のボキャブラリー　350
11-5 「工場の復旧には〜日間かかります」の表現　355
11-6 passing と demise の違い　358
11-7 Happy New Year の前に A を付ける場合と付けない場合　361

厳選すぐに使える表現（決まり表現が身に付く！）

注意メール送受信に関するトラブルの決まり表現1、2は本文では扱っておりませんが、「メール送信時のトラブル」と「メール受信時のトラブル」としてこちらにまとめました。ご活用ください。

1．メール送信後のトラブル　厳選3フレーズ

1. 申し訳ありませんが、先のメールでファイルの添付を忘れました。
   I am very sorry, but I forgot to attach the file in my previous mail.
2. 申し訳ありませんが、間違ったファイルを送ってしまいました。
   I'm sorry. I sent you a different file by mistake.
3. 正しいファイルを送ります。
   I am resending the correct file right now.

2．メール受信時のトラブル　厳選6フレーズ

1. 10月12日付のメールに添付ファイルが付いていませんでした。
   There was no attached file with your e-mail dated October 12.
2. 私の受け取ったEメールは文字化けしていました。
   The e-mail I received was garbled.
3. もう一度送っていただけますか？
   Would you please resend it?
4. 添付ファイルが開けません。
   I am sorry, but I am unable to open the attached file.
5. 別のフォーマットで送っていただけませんか？
   Would you please resend it in another format?
6. ファイルが間違って送られてきたので返送します。
   I am returning the file which was sent to me by mistake.

3．I am writing to ～など、～に目的（お知らせ etc.）を記す　厳選11フレーズ

1. 7月3日午後2時に貴社での会議の確認をさせていただいています。
   I am writing to confirm a meeting in your office at 2 p.m. on July 3.　39
2. 大まかなスケジュールの説明をさせていただきます。
   I am writing to give you a rough explanation of the procedures.　259
3. 人事異動に関するご連絡を差し上げます。
   I am writing to inform you about a personnel change.　56
4. 5月1日をもってモデルXの価格を5％引き上げる旨をお知らせいたします。
   I am writing to notify you that we are raising the price of Model X by 5％, effective May 1.　79
5. 知人から紹介された製品Xについてお問い合わせさせていただいています。

I am writing to inquire about Product X, which was **recommended by** an **associate**. 95

6．3月3日の弊社の創立20周年記念にて「効果的なマーケティング戦略」について講演をしていただきたく存じます。
　　I am writing to ask you if you could make a presentation on 'Effective Marketing Strategy' at our 20th anniversary party to be held on March 3． 291

7．注文番号7890の確認のメールを差し上げています。
　　I am writing to confirm your Order No. 7890． 147

8．ご提案いただきました独占販売の契約草案の件について、ご連絡いたします。
　　I am writing regarding the draft contract for the exclusive distributorship you proposed. 274

9．御社が送付してくださった独占販売契約書草案の件で、ご連絡を差し上げます。
　　I am writing with regard to the draft contract for the exclusive distributorship you sent us. 277

10．6月10日付のリクエストに対するお返事です。
　　I am writing in answer to your request dated June 10． 111

11．本日、陶磁器食器を50セット受領いたしましたことをお知らせします。
　　This is to inform you that we received 50 ceramic tableware sets today. 172

4．自社紹介・自己紹介　厳選4フレーズ

1．弊社は服飾雑貨用品を専門にする日本の卸問屋です。
　　We are a Japanese wholesale company which specializes in garments. 263

2．弊社は英語学習者のための書籍だけでなく、歴史や科学の本を含む教育図書も専門とする日本の大手出版会社です。
　　We are a leading Japanese publishing company, specializing in educational books, including not only books for English learners, but also books on history, science,etc. 245

3．弊社は市場シェア20％を占める日本の赤ちゃん用品のメーカーです。
　　We are a leading manufacturer of baby supplies with a 20％ share of the market. 266

4．私は日本重工で社内報を担当しております。
　　I am in charge of the in-house newsletter at Japan Heavy Industries. 248

5．会社の製品、情報を得た場所　厳選5フレーズ

1．御社の製品XをThe Fashionの5月号で見ました。
　　We saw your Product X **in the May issue of** The Fashion. 95

2．御社の製品Yをホームページで見つけました。
　　We found your product Y **on your website**. 95

3．御社の新製品Zの実演を、4月5日のロンドン展示会で拝見しました。
　　We saw your new Product Z **demonstrated** at the London Trade Fair on April 5． 95

4．御社のお名前は当社の取引先である大阪のXYZ社から伺いました。
　　We were given your name by our **business associate**, XYZ Inc., in Osaka, Japan. 95

5. 最新のカタログと価格表を送っていただけませんでしょうか？
   Could you please send us an up-to-date catalogue and price list? 92

6. We are pleased to ～　～によいお知らせや感謝を記す　厳選7フレーズ

1. 貴殿のご訪問に関して次のように手配しましたことをお知らせします。
   We are pleased to inform you of the following arrangements for your visit. 50
2. 御社が弊社の商品に関心を持ってくださったことを知り、大変うれしく思います。
   We are pleased to know that you are interested in our products. 101
3. 喜んで最新カタログと価格表を送付させていただきます。
   We are pleased to send you our latest catalogue and price list. 98
4. モデルYの商品を9月1日付で5％値下げさせていただくことをお知らせします。
   We are pleased to notify you that we are lowering the price of Model Y by 5%, effective September 1. 84
5. 商品番号123を今回に限り10％の割引のお見積もりをさせていただくことをご報告できて、うれしく思います。
   We are pleased to inform you that we are able to offer you a 10% discount on Item No. 123 for **this time only**. 131
6. 4月1日付でABC商事株式会社は下記住所に転居いたしますことをお知らせ申し上げます。
   We are pleased to announce that ABC Trading Co., Ltd. will move to the following address as of April 1. 67
7. 10月1日付大阪支社を開設いたしますことを、お知らせします。
   We are pleased to announce that we will be opening the Osaka branch office as of October 1. 69

7. Please note that ～（～にご留意ください）の注意事項　2フレーズ

1. 日本商事は年間カレンダー、新年の休日に基づき12月30日から1月4日までお休みをいただくことをご連絡申し上げます。
   Please note that Japan Trading Co. will be closed from December 30 to January 4 for our regular company New Year holiday. 63
2. 取引先口座がヘルスライフメディカルテクノロジー株式会社に変更されますことにご留意ください。
   Please note that the name of our trading account will be changed to Health Life Medical Technology Co., Ltd.. 75

8. Thank you for ～　～に問い合わせの返事・感謝　厳選11フレーズ

1. 5月1日付でFashionable Super Light Rain Coatsシリーズについてお問い合わせいただきまして、ありがとうございます。
   Thank you for your inquiry dated May 1 about our line of Fashionable Super Light Rain Coats. 98
2. 最新の製品カタログ、価格表と製品Xのサンプルをご送付くださり、ありがとうございます。

Thank you for sending us your latest product catalogue, price list and the sample of Product X. 104

3．4月5日付のお見積もり番号5678を、ありがとうございます。
　　Thank you for your Quotation No. 5678 dated April 5. 141

4．割引のリクエストに応じてくださり、ありがとうございました。
　　Thank you for offering us a discount in response to our request. 143

5．注文番号7890、200枚のベッドシーツ（品番986）と200枚の枕ケース（品番357）を承りまして、ありがとうございます。
　　Thank you for your order No. 7890 for 200 bed sheets (Item No. 986) and 200 pillowcases (Item No. 357). 145

6．注文番号3562のご注文を、ありがとうございます。
　　Thank you very much for your order No. 3562. 159

7．契約書草案のご確認ありがとうございます。
　　Thank you for reviewing the draft contract. 280

8．請求書番号5324に関する11月10日付のEメールをありがとうございます。
　　Thank you for your e-mail of November 10 regarding our invoice No. 5324. 202

9．注文番号5678の数量不足に対するお知らせ、ありがとうございます。
　　Thank you for your e-mail informing us of the short shipment on your Order No. 5678. 220

10．弊社請求書 No. 5324の請求ミスに対してご注意いただき、ありがとうございます。
　　Thank you for your letter bringing our attention to the billing error on our invoice No. 5324. 205

11．弊社の独占代理店になるとのお申し出をありがとうございます。
　　Thank you for offering to become our exclusive distributor. 271

9．下記の通り　as follows・following items など　厳選6フレーズ

1．新しい電話番号とFax番号は下記の通りです。
　　The new telephone and fax numbers are **as follows**: 67

2．下記商品の見積もりをお願いできませんでしょうか？
　　Could you please give us your quotation for **the following items**? 115

3．下記の大口割引をご提供させていただきます。
　　We offer you **the following volume discount**. 125

4．下記のようにお見積もりさせていただきます。
　　We are happy to **quote you as follows**: 125

5．注文の詳細は下記の通りです。
　　The details of our order are **as follows**: 208

6．転載料金を下記にお振込みください。
　　Please remit the license fee to the bank account below. 254

10. 検討する　review・知らせる　厳選3フレーズ

1. 検討いたしまして、連絡させていただきます。
   After we review them, we will get back to you.　104
2. 企画書を検討させていただきまして、決定を下すのには2〜3週間かかるかもしれません。
   After we review your proposal, it may take a couple of weeks to reach a decision.　271
3. その間に進展がございましたら、お知らせいたします。
   We will let you know if anything develops in the meantime.　271

11. 転送する　forward　厳選2フレーズ

1. ご注文書を代理店に回してご連絡させてもよろしいでしょうか？
   May I **forward** your order form to a distributor and ask them to contact you?　163
2. 御社の最新の製品カタログと価格表のPDFは購買マネージャーにも転送いたしました。
   I have **forwarded** the PDF file of your latest product catalogue and price list to our purchasing manager.　106

12. 許可申請　apply for your permission to ～　と承諾する　grant　厳選3フレーズ

1. 社内報に、御社の技術記事を掲載する使用許可承諾をいただきたいのですが。
   We would like to **apply for your permission** to **reprint** a **technical article** in our in-house newsletter.　248
2. 会議室Aを5月5日午後1時から2時まで使用申請させていただきます。
   We would like to **apply for permission to** use Conference Room A from 1 p.m to 2 p.m. on May 5.　249
3. 当核資料を無料で印刷媒体で転載することを認めます。
   We grant you the permission to reproduce the material in print at no cost.　254

13. 決定する　厳選フレーズ conclude decide

1. 御社の詳細な提案書について会議で話し合いました結果、正式に契約を結びたいとの結論に達しました。
   We discussed your detailed proposal in the meeting and **concluded** that we would like to officially conclude a contract.　274
2. ご要望（リクエスト）に応じさせていただくことに決定いたしました。
   We have decided to accept your request.　131

14. 断り　We regret to say that ～　We are sorry, but　厳選6フレーズ

1. ご要望にお応えできず、申し訳ございません。
   We regret to say that we cannot meet your request.　163
2. 遺憾ながら値引きすることはできません。
   We regret to say that it is not possible to **make price reductions**.　136
3. 申し訳ございませんが、ご希望の数量に応じることはできません。

We are sorry, but we are unable to fill the quantity of your order.　162

4．ご依頼のデータや情報をご提供させていただけません。

　I am afraid that we will not be able to give you any of the data or information you requested.　111

5．この件に関しましてお力になれず、申し訳ございません。

　We are sorry that we are unable to help you in this matter.　111

6．非常に申し訳ないのですが、個人的な理由のために7月2日はお会いできなくなりました。

　I regret to tell you that I will be unable to meet you due to personal reasons on July 2.　31

15．締切設定・締切依頼厳守 etc.　厳選6フレーズ

1．締切日を5月30日に設定してもよろしいでしょうか？

　Would it be possible to set the deadline for May 30?　261

2．最終校締め切りは6月15日午後2時です。

　The deadline for submitting the final proof is 2 p.m. on June 15.　261

3．締め切りは厳守してください。

　Please be careful to **observe the deadline**.　261

4．弊社の商品（靴）の販売促進の方法を書いた詳細な提案書を、5月15日までにご送付くださいませんか？

　Could you please send us a detailed proposal on how you can promote our shoes by May 15?　271

5．添付しております契約草案をご検討いただき、お気づきの点がございましたら、6月20日までにお知らせくださいませんでしょうか？

　Could you please review the attached draft contract and inform us of any points that require further attention by June 20.　274

6．6月20日までに、弊社の契約草案に同意いただけるかどうかお知らせくださいますようお願いいたします。

　We kindly ask you to inform us whether you agree with the draft contract or not by June 20.　276

16．品質自慢　We believe ～　厳選3フレーズ

1．弊社の製品は他社に比べてはるかに品質が優れているので、見積もり価格は競争力のあるものだと信じております。

　We believe our quoted price is competitive, because the quality of our products is far superior to that of our competitors'.　131

2．弊社の価格は卓越した製品品質のおかげ（特に耐久性、軽量性）で市場において最も競争力のあるものだと確信しております。

　We believe that our prices are the most competitive in the market because of the outstanding quality of our products; in particular, their durability and light weight.　134

3．弊社の商品は品質が優れているので、イングランドでは一番マーケットシェアが高いです。

Thanks to their excellent quality, our products have the largest market share in England. 134

17. ミスをマーカーと付箋で知らせる　厳選3フレーズ

1. 契約書の2か所のミスにマーカーで印を付けました。
   We have **highlighted** two mistakes in the contract.　285
2. ミスのある箇所のページに付箋を付け、契約書を送り返しました。
   We have **marked the pages with mistakes with sticky notes** and sent the copies of the contract back to you.　285
3. マーカーで印を付けた箇所をじっくり見直してくださいませんか？
   Would you please review the highlighted areas carefully?　261

18. 苦情を述べる　厳選7フレーズ

1. お見積もり（番号3095）によると、正しい単価は30ドルではなく27ドルのはずです。
   According to your quotation, **the correct unit price should be $27, not $30.**　199
2. 10％の特別割引が適用されていませんでした。
   A special discount of 10% was not applied.　196
3. 注文品がまだ納入されておりませんので、ご連絡させていただきます。
   We would like to bring your attention to the fact that our order has not arrived yet.　208
4. 内容を確認しましたところ、Javaコーヒー200パック中の12パックが不足していることがわかりました。
   Upon checking the contents, we found that 12 out of the 200 packs of Java coffee were missing.　218
5. 着荷品を確認しましたところ、商品番号6987ではなく7987が送られてきたことがわかりました。
   Upon checking the goods delivered, we found that Item No. 7987 was delivered instead of Item No. 6987.　225
6. お伝えするのは残念ですが、70商品中12商品が濡れていました。
   We are sorry to inform you that 12 out of the 70 items arrived wet.　234
7. コンテナの中のパッケージは押しつぶされていました。
   The packages in the containers **were crushed**.　236

19. ミスの対処を求める　Please〜　厳選8フレーズ

1. 早急にご確認の上、請求書の再発行をお願いします。
   Please check them and reissue the invoice as soon as you can.　200
2. 注文の処理状況と遅延理由についてお知らせください。
   Please advise us of the status of our order and let us know the reason for the delay.　208
3. 速やかに残りの12パックのJavaコーヒーを御社の負担で送付ください。
   Please send the remaining 12 packs of Java coffee at your expense.　218
4. 超過分のJavaコーヒーを50％引きにしてくださるなら、この超過配送品を購入いたします。

If you reduce the price of the Java coffee by 50%, we will accept this excess shipment.　219

5. 誤配送品の取り扱いについてお知らせください。
Please let us know how to handle the incorrect shipment.　225

6. 濡れた製品をどのように対処したらよいか、お知らせください。
Please let us know what to do with the wet products.　234

7. このようなことが二度と起こらないように、もっと多くの緩衝剤を入れてください。
Please use more packing so that this will not happen again.　236

8. 出荷前に、商品をもっと丁寧に点検してください。
Please inspect the products more carefully befor shipping.　233

20. 謝罪　厳選7フレーズ

1. 御迷惑をおかけしたことをお詫び申し上げます。
We would like to apologize for the inconvenience.　202

2. 請求価格は旧見積もりをもとに計算したことを、お詫び申し上げます。
We have to apologize to you because the calculation of the invoice price was based on an old quotation.　205

3. 別のお客様宛の請求書を間違えて送付いたしました不手際を、お詫び申し上げたいと思います。
We would like to apologize for our carelessness in mistakenly sending you an invoice for another client.　205

4. 欠陥商品（品番867）12着をお送りしたことを、お詫び申し上げます。
We would like to apologize for having sent you 12 defective items.（Item No. 867）.　238

5. 間違った商品（商品番号787）をお送りしてしまいまして、申し訳ございません。
We would like to apologize for having sent you the wrong items（Item No. 787）.　226

6. 経理部の見落としによる請求番号534のミスをお詫び申し上げます。
We have to apologize for the error on your invoice No. 534 caused by an oversight in the accounting department.　205

7. もう二度とこのようなミスが生じないことを、お約束させていただきます。
We assure you that this type of mistake will never happen again.　203

21. ミスの原因調査　厳選2フレーズ

1. この件に関する原因を調査いたしまして、これは配送部の事務的なミスにより生じてしまったことがわかりました。
We have looked into the cause, and found that it was a clerical error in the shipping department.　226

2. 本件を調査したところ、製造番号が似ていたので間違えて、ご注文いただいた商品とは違うものを送っていたことが判明いたしました。
We have looked into the matter and found that we mistakenly sent the wrong items, because the item numbers were similar.　228

22. 配送ミス対処　厳選2フレーズ

1. 誤配品（品番787）をお引き受けいただける場合は40％引きでご提供させていただきます。
   If you could accept the wrong items (Item No.787), we would like to offer 40% off on these items.　229
2. 誤配品は、弊社の送料、梱包料負担にてご返却ください。
   Please return the wrong shipment (items) with shipping and packing fees at our expense.　229

23. 添付ファイルは We have attached ～ か Attached　is/ are　厳選8フレーズ

1. 最新版のカタログをPDFフォーマットに添付させていただきました。
   We have attached the latest catalogue in PDF format.　159
2. ご検討いただきますように、契約書の弊社草案を添付いたしました。
   We have attached a draft contract for your consideration.　274
3. 弊社の最新の会社カタログ、マーケットリサーチの結果と2014年度の会計報告書を同封いたします。
   We have attached our latest company brochure, the result of the market research study, and our annual report for fiscal 2014.　263
4. このパーティーの仮のスケジュールを添付しております。
   Attached is the tentative schedule for this party.　291
5. PDFフォーマットに#7890の注文書を添付しております。
   Attached is Purchase Order #7890 in PDF format.　141
6. 不良品のジャケットの写真を添付させていただきます。
   Attached are pictures of the defective jackets.　230
7. 弊社の新しいCDプレーヤーのカタログを添付させていただきます。
   Attached is a catalogue in which you can find our new series of CD players.　241
8. 第4条に修正の希望を入れた契約草案を添付しています。
   Attached is the draft contract with some mark-ups indicating suggested changes to Article 4.　277

24. 結び1は事前に協力を要請、2～3は事前に早急な対応を依頼する場合、4はもう少し待ってほしく協力を要請、5～11まではこれからの関係の期待

1. 本件につきましてご協力いただきますよう、どうぞよろしくお願いいたします。
   Thank you in advance for your cooperation in this matter.　245
2. 迅速なお取り扱いのほどを、よろしくお願い申し上げます。
   Thank you for your immediate attention.　154
3. この件に関しまして、迅速にお取り計らいいただけるものと期待しております。
   We expect your prompt attention to this matter.　216
4. ご理解とご容赦をお願い申し上げます。
   We would appreciate your understanding and patience.　220

5．これからもご支援をたまわりますよう、よろしくお願い申し上げます。
　　We would appreciate your continued support.　71
6．これからも良好な業務関係を続けられますことを望んでおります。
　　We look forward to continuing our good working relationship.　67
7．これまで以上にサービスの向上に努め、ご厚情に報いるつもりです。
　　We hope to show you our appreciation for your continued business by providing you with even better service.　79
8．ご連絡をお待ちしております。
　　We are looking forward to your response.　98
9．よい返事をお待ちしております。
　　We look forward to your favorable reply.　128
10．ご注文をお待ちしております。
　　We look forward to receiving your order.　107
11．今回の初めてのご注文が、これからのよき取引関係につながりますように。
　　We hope this initial order will lead to a good business relationship in the future.　147

25．結び　質問を受け付ける　厳選2フレーズ

1．ご質問がございましたら、akiranakata@aaa.com、または xx-xxx-xxxx までご連絡ください。
　　If you have any questions, **please feel free to** contact me at akiranakata@aaa.com, or at xx-xxx-xxxx.　52
2．さらに質問がございましたら、遠慮なくご質問ください。
　　If you have any further questions, **please feel free** to contact us.　98

索引・厳選日本語のキーワードから調べる

あ

アポイントメント
1. 法人顧客5社を選んでアポをとっていただけませんでしょうか？ 35
2. 万が一アポを変更する場合は、できるだけ早くご連絡ください。 39
3. 落ち着きましたら、最初の訪問のお約束（アポ）をさせていただきたいと思います。 53

アンケート
1. 添付しております製品Xについて、アンケートにご記入いただければ幸いです。 109

案内する
1. 町を案内するのに時間を割いてくださり、ありがとうございました。 42
2. 喜んで、4月3日に工場を案内させていただきます。 48

い

移転・開設
1. 4月1日付でABC商事は下記住所に転居いたしますことをお知らせ申し上げます。 68
2. 通常の稼働への支障を最小限にすべく、努力をいたしている次第です。 69
3. 10月1日付で大阪支社を開設いたしますことを、お知らせします。 69

依　頼
1. ご依頼（リクエスト）に応じさせていただくことに決定いたしました。 132
2. ご依頼のカタログと価格表を郵送させていただきました。 100
3. 製品Aの見積もり依頼のEメールを、ありがとうございます。 138

か

会　議
1. 5月6日に月例会議を実施いたします。 304
2. 次回の合同会議を6月8日金曜日午後1時から3時まで会議室Bで行う予定であることを、お知らせします。 305
3. 時間は必要に応じて変更される可能性があります。 305
4. 会議は90分から2時間かかる、と見てください。 305
5. 添付いたしました次回の会議の議題をお読みください。 305
6. 議題は下記の通りです。 305
7. 下記は、これまでに申し出のあった仮の議題です。 305
8. もしご提案がありましたら、必要に応じて議題を修正いたしますのでお知らせください。 305

9．会議の前には、添付資料をじっくり読んでください。 305
10．6月8日に予定されておりましたミーティングは、半数の人が出席できないためキャンセルとなりましたので、お知らせします。 305
11．変更の日時につきましては、決まり次第連絡させていただきます。 306
12．次回のプロジェクト会議は、スケジュールが重なったために6月15日金曜日に変更になりました。 306
13．次回のプロジェクト会議は、会議室Cに変更になりました。 306
14．次回のプロジェクト会議は、午後2時から4時までが午後1時から3時までに変更になりました。 306
15．添付の通り、議事録をお送りいたします。 311

確認する
1．購入注文書の受領をご確認ください。 142
2．受領書に署名して返却することで受領を確認してくださいますように、よろしくお願いします。 170
3．送金の受領を確認され次第、ご連絡いただければ幸いです。 179
4．お支払いを確認し次第、商品を発送いたします。 176

カタログ
1．カタログをPDF形式で提供させていただきます。 100
2．現在、英語版のカタログを準備中ですので2週間お待ちください。 101
3．詳細はカタログ2〜10ページでご覧になれます。 100

緩衝材
1．このようなことが二度と起こらないように、もっと多くの緩衝剤を入れてください。 236
2．緩衝材をたくさん入れて、安全に梱包していただき感謝しています。 173

■ き

期 日
1．御社がご希望の期日には、あいにく話し合いに必要な資料を提出できません。 22
2．機械トラブルのため、製造部は納期に間に合わないようです。 161
3．見落とされているかもしれませんが、お支払いの期日は1月30日でした。 186

キャンセル
1．契約条件を順守していただけないなら、注文をキャンセルせざるを得ません。 166
2．キャンセルの確認書を送っていただけませんでしょうか？ 166
3．2月25日までに配送できないようでしたら、注文をキャンセルし払い戻しをリクエストせざるを得ません。 209

記録変更
1. ご記録を変更してくださるようにお願い申し上げます。 76
2. 住所録の変更を、どうぞよろしくお願いします。 68
3. 弊社社名が、近畿商事からグローバル商事株式会社に4月1日付で変更することをお知らせいたします。 72
4. 取引勘定口座の名義がグローバル商事株式会社に変更になりますことにご留意ください。 72

け

契　約
1. ご検討いただきますように、契約書の弊社草案を添付いたしました。 275
2. 何か賛成できない点がございましたら、6月20日までにご希望を入れた修正入りの契約草案をお送りくださいませんでしょうか？ 275
3. 第4条に修正の希望を入れた契約草案を添付しています。 278
4. 契約草案のすべてに異存はございません。 278
5. 署名できるように、契約書を2通お送りいただけませんか？ 278
6. 合意を得た修正点が反映されているかどうかを、ご確認ください。 281
7. ご承認いただけましたなら、2通にご署名の上、1通をご返送ください。 281
8. 署名済みの契約書1部を速達航空便で送付いたしました。 284
9. 到着しましたら受領の確認をお願いいたします。 284

決定する・結論に達する
1. 御社の詳細な提案書について会議で話し合いました結果、正式に契約を結びたいとの結論に達しました。 275

検討する
1. 検討いたしまして、ご連絡させていただきます。 105
2. 御社の製品の購入を検討しております。 116
3. 45ページに掲載されております製品Zもご検討くださいませ。 108

こ

工場見学
1. 滞在中に工場見学をさせていただきたいです。 35
2. 4月3日の工場見学の手配を完了いたしました。 49
3. 今回の工場見学は、私たちのコミュニケーションの向上の大きな助けとなったと確信しております。 42

後任となる
1. 私は4月1日付でLinda Clancyの後任となります。 54

さ

作成中です。
1．今、詳細な企画書を作成中です。 26
2．ABCプロジェクトの経過報告を作成中です。 26

し

出席の依頼と出欠の返事
1．出席が義務づけられています。 305
2．ご出席の確認を、遅くても6月1日までにお願します。 305
3．改めて出欠について6月6日までにご連絡ください。 306
4．6月15日の会議に出席させていただきます。 306
5．申し訳ございませんが海外出張のため、会議を欠席させていただきます。 306
6．ガルシア氏が私の代わりに出席いたします。 306

締め切り
1．締め切りは厳守してください。 261

修正する
1．修正しました注文書を添付いたしております。 155
2．修正された合計金額をお知らせください。 156
3．修正いたしました請求書を速達でお送りします。 204
4．修正点がございましたら、10月17日までにお知らせください。 311

詳　細
詳細は添付（書類）をご覧ください。 327

食　事
1．4月3日の夜に夕食をご一緒したいと思います。 49
2．どの料理が一番お好きですか？　中華料理、イタリア料理、日本料理からお選びいただけます。 49
3．素晴らしい食事をお宅でごちそうになり、ありがとうございました。 43
4．私たちは素晴らしい夕食とあなたとの会話を、これからもずっと覚えているでしょう。 44

住所変更
1．XX-kuとYY-kuの統合により、4月1日付で住所はXXXXXからYYYYYに変更になります。 69

情　報
1．他のどのような情報が必要かをお知らせください。 109

2．ご依頼のデータや情報をご提供させていただけません。 112

知らせる
1．注文品の現在の処理状況について、できるだけ早くお知らせください。 210
2．これらの商品にどのように対処したらよろしいか、どうぞお知らせください。 231
3．万が一商品の発送が遅れることがございましたら、すぐにお知らせいたします。 146

迅速な
1．迅速なお支払いをありがとうございました。 182
2．この件に関して迅速なご対応をありがとうございます。 27

す

スケジュール
1．7月1日はスケジュールが詰まっておりますので、お会いできません。 22
2．あなたの予定に合わせてスケジュールを調整させていただきます。 30
3．ミーティングを7月3日に変更していただくことは可能でしょうか？ 30
4．ご参考までにスケジュールを添付させていただきました。 34
5．スケジュールの変更がございましたら、できるだけ早くお知らせください。 49
6．どうぞ詳細なスケジュールをお知らせください。 49

そ

送付先
1．どちら様にお送りすればよいか、お知らせ願えますか？ 281
2．どちら様に請求書をお送りすればよいか、お知らせ願えますか？ 176
3．請求書は大阪本社経理課宛でお送りください。 143

た

退社・定年退職
1．3月31日付でABC商事を退社いたします。 58
2．3月31日付でABC商事を定年退職いたします。 59

代替品
1．モデルXの代替品として、ご注文受領後すぐに発送できます改良版のモデルX2をお勧めさせていただきたいと思います 160

ち

中止する（生産・サンプル配布）
1．モデルXは間もなく生産中止になります。 161
2．無料サンプルの配布サービスを中止しております。 113

索引・厳選日本語のキーワードから調べる

379

つ
都合
1. もしこの日のご都合が良ければ、何時がよろしいかお知らせくださいませんでしょうか？　17
2. この日のご都合が悪ければ、別の日時をご提案いただけますでしょうか？　17
3. これらの日のご都合が悪ければ、別の日時をご提案いただけないでしょうか？　34
4. 来週あなたのご都合のよい時にお会いできればと思います。　31
5. 製品Aの実物説明会をお望みなら、ご都合のよろしい時に手配させていただきます。　101
6. ご連絡いただければ、都合のよい時間を設定いたします。　68

〜付で（〜から適用されます）
1. 新しい価格表は5月1日付で適用されます。　81
2. モデルYの商品を9月1日付で5％値下げさせていただくことをお知らせします。　85

て
手配する
1. 誰かが空港に車でお迎えできるように手配いたします。　49
2. 貴殿のご訪問に関して次のように手配しましたことをお知らせします。　49
3. さらに必要な手配がございましたら、どうぞお知らせください。　49
4. 不足分のヘアドライヤー10台につきましては、2日で到着する航空便で発送するように手配いたしました。　221

転勤・異動
1. 10月1日付でシンガポール支社の営業部マネージャーとして転勤になります。　57
2. 10月1日付でABC商事からXYZ商事に副社長として出向いたします。　58

点検する
出荷前に商品をもっと丁寧に点検してください。　232

転送する（回す）
1. 御社の最新の製品カタログと価格表のPDFは購買マネージャーにも転送いたしました。　105
2. ご注文書を代理店に回してご連絡させてもよろしいでしょうか？　162
3. あなたのご質問は生産部の田中氏に回しておきましたので、彼から連絡させていただきます。　113

と
問い合わせ
1. 支払いに関するお問い合わせは、弊社経理部までお願いいたします。　180

は
払い戻す

1. 2月25日までに配送できないようでしたら、注文をキャンセルし払い戻しをリクエストせざるを得ません。 209

ひ
必要
1. 時間は必要に応じて変更される可能性があります。 305

品質不良
不良品　231
織りムラ　231
破れている　231
シミ　231
ほつれ　232
変色　232
外れる　232
へこみ　232
へこんでいる　232
ひっかき傷　235
縁が欠けている　235
押しつぶされている　236
不注意な取り扱い　236
傷んだ商品　235
濡れた製品　235

ふ
不在
1. 9月7日から9月17日までニューヨークに出張するため、社内にはおりません。 61
2. 急を要する家族の事情のために4月10日から15日まで不在となります。 61
3. 私が不在の間は山田紀彦が御社を担当します。 61
4. 私が不在の間は小野幸子が私の代理を伝えます。 62
5. 技術者の佐野国夫は出張中で、5月17日に戻ってまいります。 138
6. 見積もり担当者がインフルエンザのため、5月16日まで病気休暇をとります。 139
7. 担当者は5月17日に仕事に復帰します。 139

振込先
転載料金を下記にお振込みください。 252

ほ
ホテル
1. サンフランシスコへは初めての訪問となりますので、便利なホテルをお勧めくださいませんでし

ょうか？ 35
2. 本社に近いホテルの禁煙のシングルルーム1室を6月4日から2泊予約してくださいませんか？ 35
3. 4月2日から5泊で、エンバシーホテルの禁煙のシングルルーム3部屋予約しました。 48
4. 法人割引が適用されるので、部屋の料金は税金とサービス料込みで1泊7千円です。 48

保留事項
保留事項への取り組みをお願いできますでしょうか？ 311

ま
マーケティング
1. 弊社では、すでにこの靴のマーケットリサーチをいたしました。 264

み
見落とす
1. 50個以上の大量注文については10％の数量割引を行う取引条件を見落としておりました。 204
2. 支払いの遅延は、経理部の見落としにより生じてしまいました。 179

見直す
1. 最終稿なのでミスがないように、注意深くチェック（見直し）してください。 261
2. もう一度目を通して（見直して）ください。 261
3. マーカーで印をつけた箇所をじっくり見直してくださいませんか？ 260

む
迎える
1. 空港までお出迎えくださいまして、ありがとうございました。 43
2. 車でホテルにお迎えにあがり、グローバルトレードセンターまで送らせていただきます。 48
3. 空港にお迎えにまいりたいと思いますので、ご利用の飛行機の便名と到着時刻をお知らせください。 48

よろしく
スタッフの皆様にもよろしくお伝えください。 44

著者略歴

柴山 かつの（しばやま かつの）
京都産業大学非常勤講師。日米英語学院梅田校講師。フリーランスビジネス通訳者、オフィスレム顧問。多くの大学・企業でTOEIC、ビジネス英語、英検、通訳ガイド講座の講師歴も豊富。英検1級、通訳案内士国家試験保持。著書に『場面別ビジネス英会話』（ベレ出版）、『外資系の履歴書と面接の英語』、『短期集中講座！TOEIC TESTシリーズ』（明日香出版社）、『すぐに使える接客英会話大特訓』（Jリサーチ出版）、『あなたも通訳ガイドです』（ジャパンタイムズ）など多数。内6冊は海外翻訳出版。
poppymomo@hotmail.com

英文校閲

ポール・ドーリー（Paul Dorey）
英国生まれ。セント・アンドリュース大学中世史学部修士課程卒業。TEFL資格取得。フランス中・高等学校にて英語及び美術の講師、ケンブリッジ大学検定協会現代語学口頭試問・EFL（外国語としての英語教授法）部門にて勤務の後、来日。1990年より日米英語学院梅田校（大阪）にて英語講師として勤務、現在に至る。

日本語校正

津村 元司（つむら もとし）
日米英語学院にてビジネス英語、TOEIC、TOEFL、ライティングなど幅広く担当。関西大学外国語教育学研究科前期博士課程修了（首席）。英検1級取得。ヨーロッパ、アメリカでのインターナショナル・トレードショーにて樹脂製品を出展し、プレゼン等を多数回行いビジネス実務経験も豊富。

説得力のある英文ビジネスＥメールが書ける

2015年 9月25日　　初版発行

著者	柴山 かつの
カバーデザイン	竹内 雄二

©Katsuno Shibayama 2015. Printed in Japan

発行者	内田 真介
発行・発売	ベレ出版 〒162-0832　東京都新宿区岩戸町12 レベッカビル TEL.03-5225-4790　FAX.03-5225-4795 ホームページ　http://www.beret.co.jp/ 振替 00180-7-104058
印刷	株式会社文昇堂
製本	根本製本株式会社

落丁本・乱丁本は小社編集部あてにお送りください。送料小社負担にてお取り替えします。

本書の無断複写は著作権法上での例外を除き禁じられています。
購入者以外の第三者による本書のいかなる電子複製も一切認められておりません。

ISBN 978-4-86064-448-2 C2082　　　　　　編集担当　脇山和美

CD BOOK 仕事で使う英語

野村真美 著

四六並製／本体価格 1600 円（税別） ■ 176 頁
ISBN978-4-939076-08-4 C2082

お店やオフィスなど、仕事で外国の人と接する機会がある人のための、職場に 1 冊置いておきたい接客のための虎の巻です。難しい単語は使わずかつ自然な英語で、挨拶、お客様の応対、トラブル時、電話の応対 取次ぎなど、ちょっとした接客の時に使える、えりぬきの表現を紹介します。業種を問わず、さまざまな場面で活用できる便利な表現集です。

CD BOOK 場面別 会社で使う英会話

ディー・オー・エム・フロンティア／味園真紀／ペラルタ葉子 著

A5 並製／本体価格 2100 円（税別） ■ 312 頁
ISBN978-4-86064-010-1 C2082

会社で英語を使う機会が増えました。本書はあらゆるビジネスシーンを想定してつくられた会社に必要な英会話の本です。訪問・紹介からプレゼンテーションや交渉まで、シーン別にダイアローグと応用表現 関連単語をとりあげました。ダイアローグ 応用表現はすべて CD に収録しています。本書に使われている表現は簡潔で覚えやすいものばかりです。まさに実践を意識した、使える英会話表現を厳選しています。

CD BOOK 場面別 ビジネス英会話
決まり表現 & シーン別英語実況中継

柴山かつの 著

A5 並製／本体価格 2200 円（税別） ■ 336 頁
ISBN978-4-86064-371-3 C2082

英語で仕事をするビジネスパーソンにとって必須の決まり表現と実際のリアルな会話のやり取り、英語講座実況中継の構成になっています。決まり表現を確実に身につけることで、スラスラ自信をもって心をこめて話すことができます。そして決まり表現をシーンに合わせて自由自在に応用することができます。英語講座実況中継では、日本人の間違いやすい表現、表現の丁寧度合、単語の覚え方を先生と生徒の会話で解説します。CD にすべての決まり表現とリアルなダイアローグを収録。